Germann Jossé

Buchführung - aber locker!

Das Trainingsprogramm

CC- Verlag

ISBN 3-923930-22-4

2. Auflage

Druck: AZ Druck und Datentechnik GmbH, Kempten

Gern schicken wir Ihnen unser Verlagsverzeichnis:

CC-VERLAG GmbH, Postfach 60 04 03, 22204 Hamburg

Fax: (040) 631 73 06 * E-Mail: info@cc-verlag.de

Internet: http://www.cc-verlag.de

Vorwort

Sie lernen gerade Buchführung? Sie merken, dass Sie zwar schon einiges kapiert haben, aber eben noch lange nicht alles? Sie brauchen unbedingt etwas Training?
Dann sind Sie hier richtig! Denn Buchführung versteht man nur, wenn man die Theorie in die Praxis umsetzt; und das heißt: *üben, üben, üben!* Aufgaben rechnen, Buchungssätze vorwärts und rückwärts „basteln", bis Sie mit traumwandlerischer Sicherheit absolut firm sind. Und bis Sie jeden Test, jede Klausur bestehen – oder die Buchführung in Ihrem Betrieb übernehmen können.

Und genau da hilft Ihnen dieses Buch. Es ist kein Lehrbuch als solches, vielmehr gibt es Ihnen eine Fülle von Aufgaben zu den verschiedensten Themen – den Trainingseinheiten – und ergänzt so als **Übungsbuch** Ihr Lehrbuch. Dazu bekommen Sie selbstverständlich auch die **Lösungen**. Aber bitte nicht schummeln – erst nachschlagen, wenn Sie nicht mehr weiter wissen oder um Ihre Ergebnisse zu überprüfen!

Dabei gehen wir **vom Einfachen zum Schwierigen** vor. Vom Stoff her folgen wir dem Band „Buchführung – aber locker!" vom selben Autor; wenn Sie Anfänger sind, empfehlen wir Ihnen das unbedingt. Sie können dieses Buch aber auch **ergänzend zu jedem anderen Buchführungsbuch** benutzen – (fast) egal, in welcher Branche Sie sich bewegen; hauptsächlich werden allerdings der *Handel* und die *Industrie* zugrunde gelegt.

Jetzt brauchen Sie nur noch ein Blatt und einen Stift, und schon kann's losgehen...

Viel Erfolg wünschen Ihnen Autor und Verlag!

☞ Gleich vorweg ein Tipp: Blättern Sie gleich mal auf Seite V; dort sehen Sie, wie Sie dieses Buch am besten benutzen...

Dankeschön!

Auch in dieses Buch sind wieder eine Menge von Fragen eingeflossen, die mir meine Schüler und Studenten im Laufe der Jahre gestellt haben. Oft waren es auch nur die Sorgenfalten, die mich veranlassten, mit *anderen* Erklärungen und Beispielen ein Problem zu lösen.
Und wenn es dann funkte, wenn die Leute begannen, locker mit Soll und Haben zu jonglieren – dann war das ein schöner Dank. Auf diesem Wege gebe ich ihn gerne zurück.

Wem noch bin ich zu Dank verpflichtet?
Zunächst meinem Verleger, dem ich auf diesem Wege (endlich!) einmal für die fruchtbare und freundschaftliche Zusammenarbeit danken möchte.
Dann allen Lesern, die meine Bücher weiterempfehlen und mir ab und zu ein herzliches Dankeschön-Email schicken; das freut mich jedesmal aufs Neue.
Und schließlich möchte ich meinen Eltern danken, die mir jede Unterstützung geben.

Ihnen allen gilt mein herzliches Dankeschön.

G.J.

Inhaltsverzeichnis

A Gebrauchsanweisung

1 Motivation

◆ Für wen ist das Buch?

Dieses Buch ist für alle gedacht, die Buchführung erlernen und sich mit der Materie herumplagen: Ob Schüler, Student oder Praktiker – hier finden Sie genug „Trainingsstoff", um zu üben, zu wiederholen oder eingerostete Kenntnisse aufzufrischen. Oder um sich im Schnelldurchgang auf eine Prüfung vorzubereiten.

◆ Wie arbeiten Sie mit diesem Buch?

Grundsätzlich gilt: Sie können ganz allein im stillen Kämmerlein die Aufgaben nach und nach durcharbeiten. Damit der **Spaßfaktor** nicht zu kurz kommt: Arbeiten Sie zu zweit damit! Das geht speziell bei den vielen Übungen, bei denen Sie Buchungssätze bilden müssen: Ihr Partner nennt den Geschäftsvorfall und Sie bilden dazu den Buchungssatz. Wenn Sie das mündlich machen, trainieren Sie gleich noch Ihr Gehirn etwas mit...
Und wenn Sie das drauf haben, drehen Sie den Spieß um: jetzt hören Sie den Buchungssatz und formulieren dazu einen plausiblen Geschäftsvorfall. Glauben Sie mir: wenn Sie dieserart die Buchführung erst einmal „vorwärts und rückwärts" draufhaben, dann sind Sie richtig fit!

Als **Anfänger** sollten Sie die Aufgaben vom Anfang an der Reihe nach durcharbeiten. Oder Sie sind **Fortgeschrittener** und haben schon Grundkenntnisse? Kennen sich vielleicht schon mit Erfolgskonten aus? Dann überprüfen Sie Ihre Kenntnisse ab Kapitel 3.
Sie wollen ganz spezielle Fälle trainieren? Prima, gehen Sie einfach zum entsprechenden Kapitel und legen Sie los!
Und wenn Sie dann ziemlich fit sind, sollten Sie den **Crashkurs** absolvieren – eine spezielle Trainingseinheit mit den *200 wichtigsten Geschäftsvorfällen und Buchungssätzen...*

Jedes Kapitel lotst Sie direkt zu den dort behandelten Schwerpunkten. Natürlich werden auch „frühere" Sachverhalte immer wieder mal aufgegriffen – Training ist schließlich auch Überprüfung und Festigung des Gelernten...

Und statt langer Vorreden wird in jeder „Trainingseinheit“ sofort mit den Aufgaben gestartet. Sie brauchen dazu nur ein Blatt Papier und einen Stift (wenn Sie schon richtig gut sind, nicht einmal mehr das). Als Vorbereitung brauchen Sie später ein Blatt mit T-Konten – das wird Ihnen aber gleich auf der nächsten Seite erklärt.

2 Aufbau und Material

In einer **Grobübersicht** werden u.a. diese Themen bearbeitet:

- Grundlagen, Inventur, Inventar, Bilanz
- Bestandskonten, Erfolgskonten, Privatkonten
- Umsatzsteuer
- Buchungen während des Jahres
- Buchungen zum Jahresende, Abschlussarbeiten

Sie steigen einfach dort ein, wo Sie noch Lücken haben. Wenn Sie Anfänger sind, natürlich ganz am Anfang.

Bei jeder Aufgabe finden Sie eine **Kurzinformation** über die *Art* der Aufgabe, wo Sie die *Lösung* finden sowie den Querverweis zum *Hintergrund*, falls Sie mit „Buchführung – aber locker!“ arbeiten:

Aufgabe 3	⇨ ***richtig oder falsch?***
	⇨ *Lösung S. 66;* ⇨ *Hintergrund: Kap. B 2*

Folgende Varianten begegnen Ihnen während Ihres Trainings:

Aufgabe ⇨ ***vom GVF zum BS!***

- Da sind zum einen Geschäftsvorfälle (GVF), zu denen Sie die **Buchungssätze** (BS) bilden müssen (bzw. dürfen). Der **Seitenverweis** bringt Sie direkt zu den **Lösungen** in Kap. D – extra weit hinten, damit Sie nicht so schnell nachschlagen;-)

Aufgabe ⇨ ***vom BS zum GVF!***

- Wenn Sie fit sind, können Sie diesen Weg auch umgekehrt gehen, also einen Buchungssatz anschauen und auf den zugrundeliegenden **Geschäftsvorfall** schließen.
- Neben den so gestellten Aufgaben können Sie auch einfach die Fälle „vom GVF zum BS“ nehmen, dann aber von den Lösungen ausgehen... Die richtigen Antworten finden Sie in diesem Fall in den Aufgaben.

Aufgabe ⇨ ***Buchen auf Konten!***

- Zu jedem Kapitel finden Sie auch besondere Aufgaben – meist umfassende Simulationen eines Geschäftsjahres; dazu bilden Sie zunächst die Buchungssätze, **buchen im Hauptbuch** (auf den Konten) und schließen diese dann ab. Und falls es nicht gleich klappt: nicht verzweifeln – wie immer bekommen Sie auch hier die Lösungen dazu.

Aufgabe ⇨ ***Antwort?***

- Immer wieder sind **Textfragen** eingestreut, wo Sie etwas erklären sollen.

Aufgabe ⇨ ***richtig oder falsch?***

- Dann finden Sie Aufgaben, die **richtig oder falsch** sein können; da dürfen Sie Ihren Grips mal so richtig anstrengen.

Sie sehen also: Eine kunterbunte Mischung verschiedenartiger Aufgaben für Ihr Training. Und bevor Ihnen jetzt angst und bange wird: Keine Panik – egal, wie die Aufgabenstellung lautet: es heißt immer schlichtweg „Soll an Haben". Sie werden sehen: so schwierig ist Buchführung eigentlich gar nicht...

Ein Wort zu Ihrer Ausrüstung:
Am Anfang brauchen Sie wirklich nur (kariertes) Papier und einen Stift. Für die Aufgaben „vom Geschäftsvorfall zum Buchungssatz" (oder umgekehrt) zunächst ebenso; wenn Sie fit genug sind, können Sie das auch mündlich machen – z.B., indem Sie Ihr Partner abfragt. Da bei den ersten Aufgaben noch nicht richtig gebucht wird, müssen Sie sich gelegentlich eine Liste anlegen; wie diese aussieht, zeigen wir Ihnen an entsprechender Stelle.

Für die „großen" Aufgaben, d.h., wenn Sie im Hauptbuch auf Konten buchen, brauchen Sie sog. T-Konten. In der Schreibwarenhandlung können Sie sich einen T-Konten-Block kaufen – aber eigentlich können Sie sich das Geld auch sparen: Malen Sie sich die Konten[1] auf ein Blatt Papier, lassen Sie für jedes Konto ungefähr 5 cm Platz, und schon können Sie arbeiten. Und so sieht das dann aus:

S	TA & Maschinen	H	S	Eigenkapital	H
S	BGA	H	S	Hypothek	H
S	Rohstoffe	H	S	Darlehen	H
S	Forderungen	H	S	Verbindlichkeiten	H
S	Kasse	H	S	SBK	H
S	Bank	H			

[1] Das ist nur ein Beispiel (hier: für Aufgabe 21); wenn Sie sich solche Blätter aufzeichnen und kopieren wollen, dürfen Sie die Kontenbezeichnungen erst später eintragen...

3 „Übersetzungshilfe“ & verwendete Kontenbezeichnungen

Sie werden immer wieder auf Formulierungen stoßen, die Sie verwirren; deshalb zunächst eine „Übersetzungshilfe“. Wenn Sie davon einiges noch nicht kennen – macht nichts, schauen Sie sich das später noch einmal an, wenn Sie mit dem Stoff schon weiter sind...

Außerdem gibt es – je nach Kontenrahmen – oft verschiedene Bezeichnungen für ein und dasselbe Konto. Auch dazu bekommen Sie eine Übersicht, damit Sie sich zurechtfinden und die hier verwendete Begrifflichkeit kennen.

Jetzt aber zuerst die **Übersetzungshilfe**:

Text	Konto
Zahlung in bar	Kasse
Überweisung / per Scheck / wird vom Konto abgebucht / etc.	Bank (bzw. Postbank)
Wir bezahlen per Scheck	Bank (bzw. Postbank)
Kunde bezahlt mit Scheck	Schecks *oder* (Post-)Bank
ER / wir erhalten Rechnung / Zielkauf / Lieferer schickt uns...	Verbindlichkeiten a. LL
AR / wir versenden Rechnung / Zielverkauf / wir schicken dem Kunden...	Forderungen a. LL
Kunde leistet An- oder Vorauszahlung	Kundenanzahlungen
Wir leisten An-, Vorauszahlung	Geleistete Anzahlungen
Ertrag noch nicht erhalten, ohne AR	Sonstige Forderungen
ER für einen Aufwand in bekannter Höhe noch nicht erhalten	Sonst. Verbindlichkeiten
ER für einen Aufwand in *un*bekannter Höhe noch nicht erhalten	evtl. Rückstellungen
bereits bezahlten Aufwand des Folgejahres „hinüberschieben“ (abgrenzen)	Aktive Rechnungsabgrenzung
bereits erhaltenen Ertrag des Folgejahres „hinüberschieben“ (abgrenzen)	Passive Rechnungsabgrenzung

Text	Konto
Gebäudekauf	Geschäftsbauten
Grunderwerbsteuer dazu	Geschäftsbauten
Gebäude bauen lassen	Anlagen im Bau
Gebäude mieten oder pachten	Mietaufwand
Anlagegüter PKW, LKW, Bus	Fuhrpark
Lackierung, Anhängerkupplung etc. (= nachträgl. Anschaff.-nebenkosten)	Fuhrpark
Möbel / PC / Faxgerät / Videoanlage	BGA
dto., bis 410 € (z.B. TV-Gerät)	GWG
dto., bis 60 € (z.B. Taschenrechner)	Büromaterial
Maschinen / Fließband / Kühltruhe	TA und Maschinen
dto., bis 410 € (z.B. Bohrmaschine)	GWG
dto., bis 60 € (z.B. Werkzeug)	Werkzeugaufwand
Reparatur (z.B. einer Maschine)	Fremdinstandhaltung
dto., *werterhöhend,* fremd durchgeführt	Anlagegut
dto., wert*erhaltend*, selbst durchgeführt	– keine Buchung –
dto., wert*erhöhend*, selbst durchgeführt	Anl.gut *an* akt. Eig.leist.
Rohstoffkauf = fließt als *Haupt*bestandteil ins Produkt ein (z.B. Blech)	Rohstoff (-aufwand)
Hilfsstoffkauf = als *Neben*bestandteil ins Produkt (z.B. Schrauben, Nägel)	Hilfsstoff (-aufwand)
Strom, Heizöl, Diesel, Gas, Wasser = fließen *nicht* ins Produkt ein, sind aber für die Produk*tion* nötig	Betriebsstoff (-aufwand), evtl. Stromkosten, Energiekosten u.ä.
vorgefertigte Komponenten fürs Produkt (z.B. Lichtmaschine, Reifen)	Fremdbauteil (-aufwand)
unverändert weitergegebene Waren	Waren (-aufwand)
dto., in der Industrie	Handelswaren
Produkt, noch nicht fertiggestellt	Unfertige Erzeugnisse
hergestelltes Produkt, nicht verkauft	Fertigerzeugnisse
dto., verkauft an Kunden	Umsatzerlöse
dto., entnommen vom Inhaber	unentgeltl. Wertabgabe
dto., zur Nutzung im Betrieb bestimmt	aktivierte Eigenleistung

Text	Konto
Transportkosten, Verpackung, Zulassung u.ä. beim Kauf von Anlagegütern	im Soll des Anlagekonto, z.B. Fuhrpark oder BGA
Transportkosten, Verpackung u.ä. im *Ein*kauf von Werkstoffen und Waren	Bezugskosten (als Unterkonto)
dto., für den *Ver*kauf angefallen	Ausgangsfrachten
dto., dem Kunden weiterberechnet	Sonstige Umsatzerlöse
Briefmarken, Telefon**gebühren** u.ä.	Postgebühren
Wassergebühren, Stromgebühren	Betriebsstoffaufwand (oder Energiekosten)
Kontoführungsgebühr	Kosten des Geldverkehrs
Gebühren für Handelsregistereintrag	Gebühren
Gebühren für Grundbucheintrag	Anlagekonto Grundstücke
Versicherungsprämie	Versicherungsbeiträge
Beiträge zur IHK o.ä.	Beitr. z. Wirtsch.verbänd.
Säumniszuschläge für verspätet bezahlte Betriebsteuern	jeweiliges Steuerkonto
dto., für private Steuern	Privatentnahmen
Private Spenden des Inhabers	Privatentn. *an* Kasse o.ä.
alle weiteren *Geld*entnahmen	Privatentn. *an* Kasse o.ä.
alle anderen Entnahmen (z.B. PKW)	Priv.entn. *an* UWA + USt
sämtliche Geld- oder Sacheinlagen	Privateinlagen *oder* EK
Spesen beim Wechselinkasso o.ä.	Kosten des Geldverkehrs
Zins beim Wechseldiskontieren	Diskontaufwand
Zins für ein aufgenommenes Darlehen	Zinsaufwand
Zins, der bei Darlehensaufnahme den Auszahlungsbetrag mindert	zunächst: ARA; zum 31. 12.: Zinsaufwand

So, jetzt kennen Sie schon die gängigsten Redewendungen bei Geschäftsvorfällen und die wichtigsten Begriffe und Konten. Schlagen Sie auf diesen Seiten immer wieder mal nach, bis Sie sicher sind!

Hier finden Sie die Kontenbezeichnungen, wie sie in diesem Buch verwendet werden und wie sie statt dessen manchmal in anderen

Kontenrahmen lauten.[1] Dass hier nicht alle minimalen Begriffsunterschiede aufgeführt werden können ist klar; es geht auch mehr um die vom Charakter her richtige Bezeichnung – wenn Sie z.B. Ihre Telefonrechnung auf „Telefonaufwand“ (statt auf Postgebühren oder KKK) buchen, dann haben Sie sinngemäß eine richtiges Konto gewählt; wie es in Ihrer Branche dann genau heißt, können Sie ggf. immer noch nachschlagen...[2]

Bezeichnung hier	Alternativbegriffe (Auswahl)
AG-Anteil zur SV	Sozialabgaben
Bankschulden	Bankverbindlichkeiten; Verbindlichkeiten gegenüber Kreditinstituten
Besitzwechsel	Wechselforderungen
BGA	Geschäftsausstattung (GA)
Büromaterial	Allgemeine Verwaltungskosten (AVK)
Diskontaufwand bzw. -ertrag	Zinsen und ähnliche Aufwendungen bzw. Erträge
FA-Verbindlichkeiten	Sonst. Verbindlichkeiten gegenüber FA; noch abzuführende Lohn- & Kirchensteuer
Forderungen (aus LL)	Kundenforderungen
Fracht & Fremdlager	Ausgangsfrachten
Fremdinstandhaltung	Instandhaltungen; BGA-Instandhaltungen
Kosten d. Geldverk.	Nebenkosten des Geldverkehrs
Kundenanzahlungen	erhaltene Anzahlungen
Lohn + Gehalt	Personalkosten
Mietaufwendungen	Mietkosten; Raumkosten
Postgebühren	Kommunikationskosten(konto; KKK); Postgebühren und Telefonkosten

[1] Die Unterschiede ergeben sich teilweise daraus, dass verschieden tief untergliedert wird. So gehört z.B. „Lohn + Gehalt“ zur Gruppe der Personalkosten; manchmal wird eben auch nur die letztere Bezeichnung verwendet...

[2] Wenn Sie z.B. für Ihren PKW die Versicherung oder die Kfz-Steuer bezahlen oder schlichtweg das Auto auftanken, werden hier drei verschieden Konten angesprochen; woanders hingegen wird dies alles auf „Kfz-Kosten“ zusammen erfasst...

Privatentnahmen und Privateinlagen	Privatkonto (mit Privatentnahmen im Soll und Privateinlagen im Haben)
Provisionsertrag	Sonstige (Umsatz-)Erlöse
Rohstoffaufwand	Aufwendungen für Rohstoffe; Rohstoffkosten
Schuldwechsel	Wechselverbindlichkeiten
Stromkosten	Betriebsstoffaufwand; Energiekosten
Umsatzsteuer	Mehrwertsteuer
unentgeltliche Wertabgabe (UWA)	Eigenverbrauch (= frühere Bezeichnung); Entnahme von Gegenständen und sonstigen Leistungen
SV-Verbindlichkeiten	Sonstige Gehaltsverbindlichkeiten; Verbindlichkeiten gegenüber SV
Versicherungen	Versicherungsbeiträge; Versicherungsaufwand; AVK
Vertriebsprovisionen	Provisionsaufwand
Warenvorrat	Handelswaren (in der Industrie)

Und jetzt? Gehirnturbo einschalten, Papier bereithalten, Stift in die Hand... Countdown läuft!

4 Abkürzungsverzeichnis

A	Aktiv(-konto; -posten)
AB	Anfangsbestand
Abs.	Abschreibungen
AfA	Absetzung für Abnutzung
AG	Arbeitgeber
AN	Arbeitnehmer
a. LL	aus Lieferungen und Leistungen
AR	Ausgangsrechnung
ARA	Aktive Rechnungsabgrenzung
AV	Anlagevermögen
Ba.	Bank
BG	Berufsgenossenschaft
BGA	Betriebs- und Geschäftsausstattung
BS	Buchungssatz; Betriebsstoffvorrat
BSA	Betriebsstoffaufwand
BV	Bestandsveränderungen
BW	Besitzwechsel
Darl.	Darlehen
DA	Diskontaufwand
DE	Diskontertrag
EB	Eröffnungsbilanz; Erlösberichtigungen
EBK	Eröffnungsbilanzkonto
EK	Eigenkapital
ER	Eingangsrechnung
EWB	Einzelwertberichtigungen
FA	Finanzamt
FE	Fertigerzeugnisse
Fo., Ford.	Forderungen a. LL
Fpk.	Fuhrpark
Gj.	Geschäftsjahr
GmbH	Gesellschaft mit beschränkter Haftung
GuV	Gewinn- und Verlustkonto
GV	(Kosten des) Geldverkehr(s)

GVF	Geschäftsvorfall
GWG	Geringwert. Wirtschaftsgut
H	Haben
HS	Hilfsstoffvorrat
HSA	Hilfsstoffaufwand
Ka.	Kasse
KG	Kommanditgesellschaft
MA	Mietaufwand
ME	Mietertrag
ND	Nutzungsdauer
NL	Nachlässe
OHG	Offene Handelsgesellschaft
P	Passiv(-konto; -posten)
PRA	Passive Rechnungsabgrenzung
PWB	Pauschalwertberichtigungen
RS	Rohstoffe
RSA	Rohstoffaufwand
RüSt	Rückstellungen
S	Soll
SB	Schlussbestand; Schlussbilanz
SBK	Schlussbilanzkonto
Sch.	Schecks
SV	Sozialversicherung(s)
SW	Schuldwechsel
T €	Tausend Euro
UE	Umsatzerlöse
Unf.E	Unfertige Erzeugnisse
USt	Umsatzsteuer
UV	Umlaufvermögen
UWA	unentgeltliche Wertabgabe
Vb., Verb.	Verbindlichkeiten a. LL
VSt	Vorsteuer
WA	Warenaufwand
WB	Wertberichtigungen
WV	Warenvorrat
ZA	Zinsaufwand
ZE	Zinsertrag

B Übungen

1 Grundlagen, Inventur, Inventar, Bilanz

Aufgabe 1	⇨ ***Antwort?***
	⇨ Lösung S. 65; ⇨ Hintergrund: Kap. B 1

① Aus welchen Teilbereichen besteht das betriebliche Rechnungswesen?

② Wer ist zur doppelten Buchführung verpflichtet; wer nicht?

③ Warum lautet ein wichtiger Grundsatz ordnungsmäßiger Buchführung (GoB) „Keine Buchung ohne Beleg“?

④ Welche Verbote existieren, damit nachträglich nicht in den Büchern „herumgepfuscht“ werden kann?

⑤ In welcher Sprache erfolgt die Buchführung? In welcher Währung?

Aufgabe 2	⇨ ***richtig oder falsch?***
	⇨ Lösung S. 65; ⇨ Hintergrund: Kap. B 2

① Inventur ist die mengen- und wertmäßige Bestandsaufnahme aller Vermögenswerte und Schulden zu einem Stichtag.

② Stichtag ist i.d.R. der 31.12. eines Jahres.

③ Zum Vermögen zählen z.B. erhaltene Kundenanzahlungen, von uns vergebene Darlehen hingegen zu den Schulden.

④ Jeder Kaufmann muss einmal im Geschäftsjahr eine Inventur durchführen.

⑤ Die körperliche Inventur gilt für alle materiellen Güter; dazu zählen z.B. Gebäude, Maschinen, BGA, Fuhrpark, Vorräte und der Kassenbestand.

⑥ Die Buchinventur ist immer vorzuziehen.

⑦ Die Stichtagsinventur findet am 31.12. (Stichtag) statt.

⑧ Die verlegte Inventur bietet eine größere zeitliche Flexibilität; sie finden innerhalb von 3 Monaten vor und 2 Monaten nach dem Stichtag statt.

⑨ Bei der permanenten Inventur nennt Ihnen das Finanzamt den Zeitpunkt, zu dem die körperliche Überprüfung der Buchbestände erfolgt.

Aufgabe 3	⇨ ***richtig oder falsch?***
	⇨ *Lösung S. 66;* ⇨ *Hintergrund: Kap. B 2*

① Das Inventar ist eine ausführliche Auflistung aller Vermögensgegenstände und Schulden.

② Die Reihenfolge dieser Positionen ist egal.

③ Ein PC zählt zur Betriebs- und Geschäftsausstattung (BGA).

④ BGA zählt zum Umlaufvermögen.

⑤ Ein überzogenes Bankkonto zählt zu den kurzfristiges Schulden, ein Darlehen zu den langfristigen.

⑥ Wenn der Fuhrpark aus mehreren PKW besteht, wird im Inventar für jedes Modell eine eigene Zeile benötigt.

⑦ Forderungen (aus Lieferungen und Leistungen; LL) gehören zum Umlaufvermögen

⑧ Die Differenz zwischen Vermögen und Schulden heißt Reinvermögen (in der Bilanz: Eigenkapital).

⑨ Aus dem Inventar wird anschließend die Bilanz abgeleitet; diese fasst die Vermögenswerte und Schulden in wenigen Gruppen zusammen.

⑩ Verbindlichkeiten sind Aktiva, Forderungen Passiva

Aufgabe 4	⇨ ***Antwort?***
	⇨ *Lösung S. 66;* ⇨ *Hintergrund: Kap. B 2*

Welche der folgenden Vermögenswerte zählen zum Anlagevermögen (AV), welche zum Umlaufvermögen (UV)?

a) Waren	e) Bankguthaben	i) Fahrrad
b) Betriebsstoffe	f) Fließband	j) Rohstoffe
c) Grundstücke	g) Forderungen	k) Kühlanlage
d) Bargeld	h) Kleinbus	l) Lagerhalle

Aufgabe 5	⇨ ***Antwort?***
	⇨ *Lösung S. 66;* ⇨ *Hintergrund: Kap. B 2*

Welche der folgenden Schulden sind langfristig, welche kurzfristig?

a) Hypothekenschulden	e) Verbindlichkeiten aus Steuern (einbehalten vom Arbeitnehmer)
b) überzogenes Bankkonto	
c) Darlehen	f) Verbindlichkeiten a. LL (aus Lieferungen + Leistungen)
d) Kundenanzahlungen	

Aufgabe 6	⇨ *Erstellen Sie ein Inventar!*
	⇨ *Lösung S. 67;* ⇨ *Hintergrund: Kap. B 2*

Sie haben die folgenden, ungeordneten (!) Inventurbestände einer Großhandlung vorliegen; alle Angaben in Tausend Euro (T€). Erstellen Sie das Inventar und ermitteln Sie das Reinvermögen. Überlegen Sie jeweils genau, ob es sich um einen Vermögenswert (AV oder UV) oder um Schulden (langfristig bzw. kurzfristig) handelt.

Hypotheken (240), Bankguthaben (45), Forderungen a. LL an Fa. Adams (17), dto. an Fa. Kuntz (33), Fuhrpark (112), Darlehen (72), Warenvorräte (213), Verbindlichkeiten a. LL an Fa. Sanitas (65), dto. an Fa. Seitz (44), Grundstücke (150), Kasse (27), BGA (85), Geschäftsgebäude (180), Lagerhalle (64).

Aufgabe 7	⇨ *Erstellen Sie die Bilanz!*
	⇨ *Lösung S. 68;* ⇨ *Hintergrund: Kap. B 2*

Erstellen Sie nun die Bilanz nach den Angaben von Aufgabe 6.

Aufgabe 8	⇨ *Erstellen Sie die Bilanz!*
	⇨ *Lösung S. 68;* ⇨ *Hintergrund: Kap. B 2*

Ein Betrieb hat die folgenden Inventurbestände (in T€) zum 31.12. Warenvorräte (14), Darlehen (65), TA & Maschinen (90), Fuhrpark (36), Bankguthaben (6), Hypothek (110), BGA (80), Forderungen (9), Kasse (3), Bankschulden (15), Gebäude (150), Verbindlichkeiten (58).

Aufgabe 9	⇨ *welche Bilanzveränderung?*
	⇨ *Lösung S. 69;* ⇨ *Hintergrund: Kap. B 2*

Legen Sie sich zunächst eine solche Liste an!

GVF-Nr.	Bilanzposten A	A/P	+/–	Bilanzposten B	A/P	+/–	Ver-änd.
①							
②							
③							
usw.							

Welche Bilanzposten werden durch die folgenden GVF jeweils betroffen? Handelt es sich dabei um Aktiv- oder Passivposten (A/P)? Nehmen diese zu oder ab (+/–)? Um welche Art der Bilanzveränderung handelt es sich dabei jeweils – Aktivtausch (AT), Passivtausch (PT), Aktiv-Passiv-Mehrung (AP+) oder Aktiv-Passiv-Minderung (AP–)?

① Kauf eines PC auf Ziel.
② Verkauf eines alten PKW gegen Scheck.
③ Aufnahme eines Darlehens zugunsten eines Lieferanten.
④ Bareinzahlung aufs Bankkonto.
⑤ Kunde überweist fällige Rechnung.
⑥ Barkauf von Waren.
⑦ Überweisung der Tilgungsrate für ein Darlehen.
⑧ Abhebung vom Bankkonto.
⑨ Wir begleichen die Eingangsrechnung per Postbank.
⑩ Rohstoffkauf auf Ziel.

Aufgabe 10	⇨ *welche Bilanzveränderung?*
	⇨ *Lösung S. 69;* ⇨ *Hintergrund: Kap. B 2*

Gehen Sie vor wie bei Aufgabe 9. Benutzen Sie wieder eine Liste.

① Verkauf alter Möbel gegen bar.
② Kauf eines LKW gegen Rechnung.
③ Grundstückskauf; zugunsten des Verkäufers wird bei der Bank eine Hypothek aufgenommen.
④ Abhebung vom Bankkonto.
⑤ Kunde zahlt für eine Bestellung 10% des Kaufpreises bar an.
⑥ Wir erhalten Waren, die wir bereits voll vorausbezahlt hatten.
⑦ Rückzahlung eines Darlehens.
⑧ Überweisung vom Bank- aufs Postbankkonto.
⑨ Wir erhalten die ER für bezogene Schrauben.
⑩ Unser neuer Gesellschafter leistet seine Einlage, indem er einen PKW ins Betriebsvermögen einbringt.

2 Bestandskonten

Sie haben das „Vorgeplänkel" satt? Sie wollen endlich richtig auf Konten buchen? Dann sind Sie hier richtig…

Aufgabe 11

⇨ Antwort?

⇨ Lösung S. 70; ⇨ Hintergrund: Kap. B 3

① Sie sehen hier ein (abgeschlossenes) Konto. Erläutern Sie, wie dieses abgeschlossen wurde.

Soll		**Kassenkonto**			**Haben**
Datum	Text	€	Datum	Text	€
01.03.	**Anfangsbestand**	**2.000**	02.03.	Briefmarken	200
02.03.	Anzahlung Mack	200	03.03.	Rechnung Bolz	3.000
02.03.	Bankabhebung	3.000	03.03.	Tanken	100
05.03.	Zahlung Bitz	800	07.03.	**Schlussbestand**	**2.700**
		6.000			6.000
08.03.	Saldovortrag	2.500			

② Sie haben zwei Konten vorliegen, auf denen während des Geschäftsjahres gebucht wurde. Schließen Sie sie zum 31.12. ab:

S	TA & Maschinen		H
AB	**53.000**	Abgang	3.000
Zugang	4.000		

S	Verbindlichkeiten		H
Abgang	8.000	**AB**	**24.000**
Abgang	6.000	Zugang	6.000

③ Erläutern Sie, was auf einem Aktivkonto im Soll und was im Haben gebucht wird.

④ Wann wird ein Passivkonto im Soll, wann im Haben angesprochen?

⑤ Wann legen Sie für Aktiv- und Passivposten jeweils ein eigenes Konto an?

⑥ Sie kaufen einen PKW. Wie bzw. wo wird das entsprechende Konto angesprochen? Warum?

Aufgabe 12	⇨ ***Soll oder Haben?***
	⇨ *Lösung S. 71;* ⇨ *Hintergrund: Kap. B 3*

Entscheiden Sie bei den folgenden GVF, ob Aktiv- und/oder Passivkonten betroffen sind, ob diese zu- oder abnehmen und wo sie daher angesprochen werden (Soll oder Haben). Benutzen Sie eine solche Liste:

GVF	Bilanzposten A	A/ P	+/ –	S/ H	Bilanzposten B	A/ P	+/–	S/ H	Ver-änd.
①									
②									
③									
usw.									

① Sie kaufen ein Regal und bezahlen per Scheck.
② Sie verkaufen nicht mehr benötigte Inneneinrichtung bar.
③ Zielkauf eines LKW.
④ Sie überweisen die ER des LKW-Händlers.
⑤ Sie heben Geld vom Bankkonto ab.
⑥ Sie zahlen von der Geschäftskasse aufs Bankkonto ein.
⑦ Aufnahme eines Darlehens zum Ausgleich der Liefererrechnung.

Aufgabe 13	⇨ ***Soll oder Haben?***
	⇨ *Lösung S. 72;* ⇨ *Hintergrund: Kap. B 3*

Nehmen Sie die Fälle von Aufgabe 9 und entscheiden Sie, ob die jeweiligen Konten im Soll oder im Haben angesprochen werden.

Aufgabe 14	⇨ ***Soll oder Haben?***
	⇨ *Lösung S. 72;* ⇨ *Hintergrund: Kap. B 3*

Bearbeiten Sie auf dieselbe Weise nun die Fälle der Aufgabe 10.

Aufgabe 15	⇨ ***Soll oder Haben?***
	⇨ *Lösung S. 72;* ⇨ *Hintergrund: Kap. B 3*

Sie haben auf der nächsten Seite ein komplettes Hauptbuch vorliegen. Nennen Sie dazu die 5 zugrundeliegenden GVF. Schauen Sie nach, welche Konten mit welcher Buchung wo angesprochen wurden.

Aktiva	**Eröffnungsbilanz**		Passiva
BGA	50.000	Eigenkapital	45.000
Kasse	8.000	Darlehen	20.000
Bank	40.000	Verbindlichkeiten	33.000
	98.000		98.000

S	**BGA**		H
AB	50.000	⑤ Ba.	1.000
① Ka.	4.000	SB	53.000
	54.000		54.000

S	**Eigenkapital**		H
SB	45.000	AB	45.000

S	**Kasse**		H
AB	8.000	① BGA	4.000
		SB	4.000
	8.000		8.000

S	**Darlehen**		H
SB	28.000	AB	20.000
		② Vb.	8.000
	28.000		28.000

S	**Bank**		H
AB	40.000	④ Vb.	5.000
⑤ BGA	1.000	SB	36.000
	41.000		41.000

S	**Verbindlichkeiten**		H
② Darl.	8.000	AB	33.000
④ Ba.	5.000	③ Fpk.	17.000
SB	37.000		
	50.000		50.000

S	**Fuhrpark**		H
③ Vb.	17.000	SB	17.000

Aktiva	**Schlussbilanz**		Passiva
BGA	53.000	Eigenkapital	44.000
Fuhrpark	17.000	Darlehen	28.000
Kasse	4.000	Verbindlichkeiten	37.000
Bank	36.000		
	110.000		110.000

Überprüfen Sie außerdem, ob die Bilanz „aufgeht"; denken Sie sich dazu den Betrag beim Eigenkapital weg und schließen Sie die Bilanz (wie ein Konto) ab. Als Saldo müsste sich der SB des EK ergeben.

Vorbemerkung zu den weiteren Übungen:
Die bisherige Vorgehensweise wird nun aufgegeben; statt dessen werden Buchungssätze verwendet (bzw. gebildet). Beim Zielkauf von Waren bspw. heißt es nicht mehr „Waren, Aktivkonto, Zunahme im Soll“ und „Verbindlichkeiten, Passivkonto, Zunahme im Haben“, sondern kurz und bündig: Waren **an** Verbindlichkeiten.
Dazu brauchen Sie keine Liste mehr, einfach ein Blatt Papier oder sogar nur im Kopf gedacht.
Wenn Sie sich nicht sicher sind, beginnen Sie mit dem „an-Strich“; vielleicht fällt Ihnen zunächst das Habenkonto leichter als das Sollkonto; und wenn Sie das haben, überlegen Sie weiter...

Aufgabe 16	⇨ ***vom GVF zum BS!***
	⇨ *Lösung S. 73;* ⇨ *Hintergrund: Kap. B 3*

Nehmen Sie die GVF von Aufgabe 9 und bilden Sie die BS.

Aufgabe 17	⇨ ***vom GVF zum BS!***
	⇨ *Lösung S. 73;* ⇨ *Hintergrund: Kap. B 3*

Nehmen Sie die GVF von Aufgabe 10 und bilden Sie die BS.

Aufgabe 18	⇨ ***vom GVF zum BS!***
	⇨ *Lösung S. 73;* ⇨ *Hintergrund: Kap. B 3*

Nehmen Sie die GVF von Aufgabe 12 und bilden Sie die BS.

Aufgabe 19	⇨ ***vom BS zum GVF!***
	⇨ *Lösung S. 74;* ⇨ *Hintergrund: Kap. B 3*

Jetzt umgekehrt: Sie haben die BS; welche GVF liegen zugrunde?
① TA & Maschinen **an** Verbindlichkeiten
② Kasse **an** Bank
③ Kasse **an** Bankschulden
④ Verbindlichkeiten **an** Darlehen
⑤ Darlehen **an** Bank
⑥ Rohstoffe **an** Bank
⑦ Bank **an** Kundenanzahlungen
⑧ Bankschulden **an** SBK
⑨ EK **an** Bank

Aufgabe 20	⇨ ***richtig oder falsch? GVF?***
	⇨ *Lösung S. 74;* ⇨ *Hintergrund: Kap. B 3*

Entscheiden Sie: Stimmen die Buchungssätze oder sind sie falsch? Welcher GVF liegt ihnen zugrunde?

① Darlehen **an** Bank
② Bank **an** Darlehen
③ EK **an** SBK
④ Verbindlichkeiten **an** Darlehen
⑤ Verbindlichkeiten **an** Fuhrpark
⑥ Rohstoffe **an** SBK
⑦ Verbindlichkeiten **an** Kundenanzahlungen
⑧ Bankschulden **an** SBK
⑨ Fuhrpark **an** Rohstoffe
⑩ SBK **an** Waren

Aufgabe 21	⇨ ***Buchen auf Konten!***
	⇨ *Lösung S. 75;* ⇨ *Hintergrund: Kap. B 3*

Ihnen liegt die Eröffnungsbilanz mit folgenden Werten vor:

Aktiva	**Eröffnungsbilanz**		Passiva
TA & Maschinen	50.000	EK	70.000
BGA	30.000	Hypothek	30.000
Rohstoffe	40.000	Darlehen	20.000
Forderungen a. LL	20.000	Verbindlichkeiten a. LL	60.000
Kasse	5.000		
Bank	35.000		
	180.000		180.000

Eröffnen Sie die Konten im Hauptbuch, nennen Sie die BS zu den folgenden GVF und buchen Sie sie im Hauptbuch.[1] Schließen Sie dann alle Konten über SBK ab.

① Zielkauf von Rohstoffen, 4.000 €
② Die Tilgungsrate des Darlehens wird überwiesen, 3.000 €
③ Verkauf einer Maschine (Wert: 5.000 €) gegen bar (1.000 €); über den Rest gibt uns der Käufer einen Bankscheck

---

[1] Eine passende Vorlage finden Sie auf S. VIII

④ Zielverkauf von nicht benötigten Rohstoffen, 2.000 €
⑤ Kunde begleicht AR in bar (2.000 €) und per Scheck (3.000 €)
⑥ Bareinzahlung aufs Bankkonto, 3.000 €
⑦ Barkauf eines Laptops, 2.000 €
⑧ Teilrückzahlung der Hypothek per Bank, 8.000 €
⑨ Zielkauf einer Kühlanlage, 20.000 €

Aufgabe 22	⇨ ***Buchen auf Konten!***
	⇨ *Lösung S. 76;* ⇨ *Hintergrund: Kap. B 3*

Ihnen liegt die Eröffnungsbilanz mit folgenden Werten vor:

Aktiva	**Eröffnungsbilanz**		Passiva
BGA	49.000	EK	50.000
Waren	52.000	Darlehen	20.000
Geleistete Anzahl.	2.000	Verbindlichkeiten a. LL	48.000
Forderungen a. LL	23.000	Bank(schulden)	12.000
Kasse	4.000		
	130.000		130.000

Eröffnen Sie die Konten im Hauptbuch, nennen Sie die BS zu den folgenden GVF und buchen Sie sie im Hauptbuch. Schließen Sie dann alle Konten über SBK ab.

① Zielkauf eines PKW, 24.000 €
② Aufnahme eines Darlehens zugunsten des Autohändlers (Fall ①)
③ Kunde überweist ausstehende Rechnung, 15.000 €
④ Zielkauf von Waren (6.000 €), für die bereits eine Anzahlung (siehe AB) erfolgt war; diese wird verrechnet
⑤ Verkauf von Regalen gegen Scheck, 3.000 €
⑥ Einzahlung aufs Bankkonto, 1.500 €
⑦ Wir kaufen Waren: bar 600 €, auf Ziel 2.400 €
⑧ Überweisung der Tilgungsrate fürs Darlehen, 2.000 €
⑨ Kauf eines Anhängers: 400 € bar, 700 € auf Ziel
⑩ Wir heben vom Bankkonto ab: 500 €

3 Erfolgskonten

Aufgabe 23	⇨ ***vom GVF zum BS!***
	⇨ *Lösung S. 77;* ⇨ *Hintergrund: Kap. B 4*

① Sie überweisen Ihren Angestellten Lohn
② Zielverkauf von Waren
③ Die Stromrechnung wir vom Bankkonto abgebucht
④ Barkauf von Briefmarken
⑤ ER für Maschinenreparatur
⑥ Abschluss des Kontos „Mieterträge“
⑦ Warenverkauf: Der Kunde bezahlt teils mit Scheck, teils in bar
⑧ Sie überweisen Zins und Tilgung für ein Darlehen
⑨ Abschluss des GuV-Kontos mit Verlust
⑩ Abschluss des Kontos „Gebäude“

Aufgabe 24	⇨ ***vom BS zum GVF!***
	⇨ *Lösung S. 78;* ⇨ *Hintergrund: Kap. B 4*

① Bank **an** Zinserträge
② Forderungen a. LL **an** Umsatzerlöse für Waren
③ Mietaufwendungen **an** Bank
④ Büromaterial **an** Kasse
⑤ Verbindlichkeiten a. LL **an** Bank
⑥ SBK **an** BGA
⑦ Bank + Kasse **an** Fuhrpark
⑧ Fuhrpark **an** Bank + Kasse + Verbindlichkeiten a. LL
⑨ GuV **an** EK
⑩ GuV **an** Versicherungen

Aufgabe 25	⇨ ***richtig oder falsch?***
	⇨ *Lösung S. 78;* ⇨ *Hintergrund: Kap. B 4*

① Postgebühren **an** Kasse
② Mietaufwand **an** GuV
③ Instandhaltung **an** Fuhrpark
④ Bank **an** Forderungen

⑤ Bank **an** Verbindlichkeiten
⑥ SBK **an** Büromaterial
⑦ Mieterträge **an** Bank
⑧ BGA **an** Verbindlichkeiten
⑨ Mieterträge **an** GuV
⑩ EK **an** GuV

Aufgabe 26	⇨ ***richtig oder falsch?***
	⇨ *Lösung S. 78;* ⇨ *Hintergrund: Kap. B 4*

① Hilfsstoffaufwand **an** Hilfsstoffe
② Energiekosten **an** Bank
③ Forderungen **an** Umsatzerlöse
④ Personalkosten **an** Kasse
⑤ GuV **an** Umsatzerlöse
⑥ Versicherungen **an** EK
⑦ Kundenanzahlungen + Kasse **an** Umsatzerlöse
⑧ Waren **an** Geleistete Anzahlungen + Bank
⑨ Darlehen + Zinsaufwand **an** Bank
⑩ Bank + Zinsaufwand **an** Darlehen

Aufgabe 27	⇨ ***vom GVF zum BS!***
	⇨ *Lösung S. 79;* ⇨ *Hintergrund: Kap. B 4*

① Verkauf von eigenen Erzeugnissen gegen bar
② Kunde überweist fällige Zinsen
③ Unser Handelsvertreter schickt uns seine Provisionsabrechnung
④ Wir überweisen die fällige Leasingrate für einen Kombi
⑤ Abschluss des Kontos „Versicherungen" am 31.12.
⑥ Wir erhalten die Dividendengutschrift für Aktien
⑦ Wir haben einen Teil unseres Gebäudes verpachtet und erhalten die Monatspacht per Überweisung
⑧ Erhalt der ER der Reinigungsfirma
⑨ Wir überweisen die Kfz-Steuer
⑩ Wir erstatten unserem Mitarbeiter Fahrt- und Übernachtungskosten lt. vorgelegten Belegen

Aufgabe 28	⇨ ***Buchen auf Konten!***
	⇨ Lösung S. 79; ⇨ Hintergrund: Kap. B 4

Sie haben diese Eröffnungsbilanz vorliegen:

Aktiva	**Eröffnungsbilanz**		Passiva
Fuhrpark	30.000	EK	57.000
BGA	25.000	Darlehen	21.000
Waren	55.000	Verbindlichkeiten a. LL	37.000
Forderungen a. LL	7.000	Bankschulden	5.000
Kasse	3.000		
	120.000		120.000

Während des Geschäftsjahres kommt es zu folgenden GVF:

① Erhalt der ER für Kfz-Reparatur, 2.500 €

② Verkauf von Waren: 1.000 € bar, 9.000 € auf Ziel

③ ER der Druckerei für Werbeprospekte, 1.200 €

④ Barkauf von Briefmarken, 100 €

⑤ Zins 800 € und Tilgung 3.000 € für ein Darlehen

⑥ Kunde begleicht ausstehende Rechnungen, 9.500 €

⑦ Abbuchung der Geschäftsmiete, 2.300 €

⑧ Barverkauf von Waren, 1.400 €

⑨ Barkauf von Regalen 2.000 € und Büromaterial 300 €

Notieren Sie die BS, legen Sie die Konten im Hauptbuch an und buchen Sie. Schließen Sie dann alle Konten ab und ermitteln Sie den Erfolg.

Aufgabe 29	⇨ ***Buchen auf Konten!***
	⇨ Lösung S. 81; ⇨ Hintergrund: Kap. B 4

Sie haben diese Eröffnungsbilanz vorliegen:

Aktiva	**Eröffnungsbilanz**		Passiva
Maschinen	80.000	EK	90.000
Rohstoffe	60.000	Darlehen	56.000
Forderungen a. LL	27.000	Verbindlichkeiten a. LL	44.000
Bank	21.000		
Kasse	2.000		
	190.000		190.000

Während des Geschäftsjahres kommt es zu folgenden GVF:

① Bankabbuchung der Geschäftsmiete, 3.000 €
② Kunde leistet Anzahlung per Scheck, 2.000 €
③ Die Leasingrate für den PKW wird überwiesen, 1.500 €
④ Verkauf von eigenen Produkten auf Ziel, 5.000 €
⑤ Die Telefonrechnung wird abgebucht, 1.200 €
⑥ Wir stellen einem Kunden Verzugszinsen in Rechnung, 400 €
⑦ Wir lassen eine Maschine reparieren und bezahlen den Monteur mit einem Scheck, 600 €
⑧ Verkauf von Produkten (13.000 €); wir verrechnen die Anzahlung (Fall ②), der Rest geht auf Ziel
⑨ ER des Steuerberaters, 1.400 €
⑩ Für einen neu vermittelten Kunden erhalten wir vom Lieferanten eine Provision (3.000 €), die wir mit einer offenen Rechnung verrechnen dürfen

Bilden Sie die BS zu den GVF, eröffnen Sie die Konten mit den AB, buchen Sie dann die GVF in den Konten und schließen Sie alle Konten ab. Ermitteln Sie den Erfolg und nennen Sie alle Abschlussbuchungssätze.

Aufgabe 30	⇨ ***richtig oder falsch?***
	⇨ *Lösung S. 83; ⇨ Hintergrund: Kap. B 4*

① Fremdinstandhaltung **an** Bank + Geleistete Anzahlungen
② Bank **an** Darlehensforderungen + Zinsertrag
③ Rohstoffvorrat **an** Rohstoffaufwand
④ Betriebsstoffaufwand **an** Kasse
⑤ Mietaufwendungen **an** GuV
⑥ Kasse + Forderungen **an** Umsatzerlöse
⑦ Provisionserträge **an** GuV
⑧ Maschinen **an** Fremdinstandhaltung
⑨ Leergutaufwand **an** Leergut
⑩ Personalkosten **an** Ford. an Mitarbeiter + Bank

4 Privatkonten und Erfolgsermittlung durch Eigenkapitalvergleich

Aufgabe 31	⇨ *richtig oder falsch?*
	⇨ *Lösung S. 83; ⇨ Hintergrund: Kap. B 5*

① Privatentnahmen **an** Kasse
② Gehälter **an** GuV
③ Privateinlagen **an** Fuhrpark
④ EK **an** Privateinlagen
⑤ Privatentnahmen **an** Versicherungen
⑥ SBK **an** Darlehensschulden
⑦ Zinserträge **an** Bank
⑧ EK **an** Privateinlagen
⑨ Werbung **an** Verbindlichkeiten
⑩ Reinigungsaufwand **an** Kasse

Aufgabe 32	⇨ ***Ermitteln Sie den Erfolg!***
	⇨ *Lösung S. 84; ⇨ Hintergrund: Kap. B 6*

Das EK eines eingetragenen Kaufmanns betrug am 1.1. eines Jahres 48 T€ (73 T€), zum 31.12. desselben Jahres 56 T€ (95 T€). Der Kaufmann hatte insgesamt 17 T€ (26 T€) entnommen, aber auch eine Einlage von Höhe von 5 T€ (50 T€) erbracht.
Ermitteln Sie den Erfolg des Unternehmens – mit den Werten in Klammern können Sie die Aufgabe ein zweites Mal rechnen.

Aufgabe 33	⇨ ***vom BS zum GVF!***
	⇨ *Lösung S. 84; ⇨ Hintergrund: Kap. B 4-6*

① Zinsertrag **an** GuV
② Büromaterial **an** Kasse
③ Fremdinstandhaltung **an** Verbindlichkeiten
④ EK **an** GuV
⑤ Fuhrpark **an** Privateinlagen
⑥ Privatentnahmen **an** Bank
⑦ Privateinlagen **an** EK
⑧ GuV **an** Versicherungen

⑨ Rohstoffaufwand **an** Rohstoffe
⑩ Beratungskosten **an** Verbindlichkeiten

Aufgabe 34	⇨ ***Buchen auf Konten!***
	⇨ *Lösung S. 84;* ⇨ *Hintergrund: Kap. B 4-6*

Und wieder eine größere Aufgabe; hier die Eröffnungsbilanz:

Aktiva		**Eröffnungsbilanz**	Passiva
BGA	33.000	EK	50.000
Rohstoffe	26.000	Darlehen	18.000
Forderungen a. LL	11.000	Verbindlichkeiten a. LL	22.000
Kasse	4.000		
Bank	16.000		
	90.000		90.000

Buchen Sie die nachstehenden GVF:

① Bareinlage des Inhabers, 5.000 €
② Überweisung von Liefererschulden, 13.000 €
③ Barverkauf von eigenen Produkten, 3.600 €
④ Abbuchung der Telefonrechnung, 900 €
⑤ Überweisung von Zins (500 €) und Tilgung (2.500 €) eines Darlehens
⑥ Barkauf von Briefmarken, 200 €
⑦ Zielkauf eines PKW, 12.000 €
⑧ Verbrauch von Rohstoffen, 3.000 €
⑨ Überweisung der Liefererrechnung, 5.900 €
⑩ Bareinzahlung aufs Bankkonto, 2.000 €

Anmerkung: Sie werden sehen, dass Ihr Banksaldo zum Jahresende „im Minus" ist – aus dem Aktiv- wurde dann ein Passivkonto.

5 Organisation der Buchführung

Aufgabe 35	⇨ ***Antwort?***
	⇨ *Lösung S. 87;* ⇨ *Hintergrund: Kap. B 7*

Sie haben nachfolgend einige Fälle aufgelistet; in welcher Klasse sind die dazugehörigen Konten zu finden? Wie heißen diese?
Sie können dazu Ihren eigenen Kontenrahmen benutzen oder den dieses Buches (⇨ S. VIII). Falls Sie kein passendes Konto finden, so „erfinden" Sie eines mit einem plausiblen Namen; Beispiel: Ein Taschenrechner würde normalerweise auf BGA gebucht, bis 60 € jedoch direkt als Aufwand (Büromaterial) erfasst. Und wie sieht's mit einem Akkuschrauber für 49 € aus? Da werden Sie in kaum einem Kontenrahmen ein passendes Konto finden, „Werkzeugaufwand" oder „Werkzeugkosten" wären aber passende Namen.

Also, auf geht's:

① Hypotheken
② PKW tanken
③ Vorschuss an Mitarbeiter
④ Anzahlung auf LKW
⑤ einbehaltene Lohnsteuer
⑥ Reisekosten
⑦ Bestand an Leergut
⑧ Kundenanzahlung
⑨ Fracht im Verkauf
⑩ vereinnahmte Provision

Aufgabe 36	⇨ ***vom BS zum GVF!***
	⇨ *Lösung S. 87;* ⇨ *Hintergrund: Kap. B 7*

Ihnen liegen diese BS mit Kontennummern vor; wie hießen die GVF? Sie dürfen die Aufgabe auch gerne überspringen...

① 280 **an** 571
② 692 **an** 280
③ 642 **an** 285
④ 084 **an** 3011
⑤ 6112 **an** 440
⑥ 703 **an** 280
⑦ 280 **an** 270 + 550
⑧ 6115 **an** 288
⑨ 050 **an** 427
⑩ 280 **an** 286

Aufgabe 37	⇨ ***vom GVF zum BS!***
	⇨ *Lösung S. 87;* ⇨ *Hintergrund: Kap. B 7*

Nehmen Sie die GVF der Aufgabe 34 und nennen Sie die BS mit den Kontennummer!

Aufgabe **38**	⇨ ***Antwort?***
	⇨ *Lösung S. 88;* ⇨ *Hintergrund: Kap. B 7*

Handelt es sich bei den folgenden Belegen um Eigen- oder Fremdbelege?

① Durchschlag einer AR
② Eingangsrechnung
③ Beleg über Privatentnahme
④ Beleg über Abschlussbuchung
⑤ Bankauszug
⑥ Gutschriftanzeige
⑦ Materialentnahmeschein
⑧ Einkaufsquittung
⑨ Kassenbeleg
⑩ Gehaltsliste

Aufgabe **39**	⇨ ***richtig oder falsch?***
	⇨ *Lösung S. 88;* ⇨ *Hintergrund: Kap. B 7*

① 687 **an** 288
② 802 **an** 510
③ 3001 **an** 280
④ 220 **an** 440
⑤ 080 **an** 088 + 440
⑥ 801 **an** 427
⑦ 672 **an** 285
⑧ 280 + 751 **an** 425
⑨ 240 **an** 571
⑩ 6115 **an** 270

Aufgabe **40**	⇨ ***vom BS zum GVF!***
	⇨ *Lösung S. 88;* ⇨ *Hintergrund: Kap. B 7*

① 086 + 680 **an** 280 + 440
② 084 **an** 300
③ 280 + 675 **an** 150
④ 6114 **an** 440
⑤ 801 **an** 240
⑥ 694 **an** 200
⑦ 672 **an** 288
⑧ 240 + 430 + 285 **an** 500
⑨ 543 **an** 802
⑩ 265 **an** 288

Aufgabe **41**	⇨ ***Antwort?***
	⇨ *Lösung S. 89;* ⇨ *Hintergrund: Kap. B 7*

Nennen Sie mind. 5 Bücher der Buchführung und deren Aufgabe!

6 Umsatzsteuer

Aufgabe 42	⇨ ***Antwort? BS?***
	⇨ Lösung S. 89; ⇨ Hintergrund: Kap. C 1

Schauen Sie sich die GVF der Aufgabe 10 an und entscheiden Sie, ob jeweils Umsatzsteuer zu berücksichtigen ist oder nicht. Falls ja: Nennen Sie auch den BS.

Aufgabe 43	⇨ ***Antwort?***
	⇨ Lösung S. 90; ⇨ Hintergrund: Kap. C 1

Entscheiden Sie, ob die nachfolgenden Güter mit dem allgemeinen oder dem ermäßigten Steuersatz besteuert werden, oder ob sie USt-frei sind.

① Einkauf von Lebensmitteln
② Kauf eines Computers
③ Verkauf von Getränken
④ Aufnahme eines Darlehens
⑤ Überweisung der Miete
⑥ Bankbelastung mit der Versicherungsprämie
⑦ ER für Zeitschriftenabonnement
⑧ ER für Anzeige in der Zeitung
⑨ ER der Kfz-Werkstatt für Reparaturen

Aufgabe 44	⇨ ***vom GVF zum BS!***
	⇨ Lösung S. 90; ⇨ Hintergrund: Kap. C 1

① Erhalt der ER für Kfz-Reparatur, netto 2.500 €
② Verkauf von Waren, netto 10.000 €: Bar 1.000 € Rest auf Ziel
③ ER der Druckerei für Werbeprospekte, netto 1.200 €
④ Barkauf von Briefmarken, 100 €
⑤ Zins 800 € und Tilgung 3.000 € für ein Darlehen
⑥ Kunde überweist Forderung, Rechnungsbetrag 9.500 €
⑦ Abbuchung der Geschäftsmiete, 2.300 €
⑧ Barverkauf von Waren, netto 1.400 €
⑨ Barkauf von Regalen 2.000 € und Büromaterial 300 € (beide netto)
⑩ ER für Zeitschriftenabonnement, netto 90 €

Aufgabe **45**	⇨ ***vom GVF zum BS!***
	⇨ *Lösung S. 90;* ⇨ *Hintergrund: Kap. C 1*

Nehmen Sie die Fälle der Aufgabe 43 und bilden Sie die Buchungssätze, im Fall ① beziehen Sie statt der Lebensmittel bitte Rohstoffe.

Aufgabe **46**	⇨ ***Buchen auf Konten!***
	⇨ *Lösung S. 91;* ⇨ *Hintergrund: Kap. C 1*

Nehmen Sie die Daten der Aufgabe 34 und bearbeiten Sie sie jetzt unter Berücksichtigung der Umsatzsteuer (angegeben sind immer die Nettowerte). Bilden Sie die BS, buchen Sie im Hauptbuch und schließen Sie die Konten ab.

Aufgabe **47**	⇨ ***vom GVF zum BS!***
	⇨ *Lösung S. 93;* ⇨ *Hintergrund: Kap. C 1*

① Bareinlage des Inhabers, 4.000 €

② Präsent für einen Kunden im Wert von 80 €[1]

③ Überweisung der privaten Krankenversicherung übers Firmenkonto, 500 €

④ Abrechnung der vom Inhaber privat geführten Telefongespräche; von den gesamten Telefonkosten (2.400 €) werden 25% als privater Nutzungsanteil angenommen.

⑤ Der Inhaber lässt durch Betriebsangehörige sein Privathaus renovieren: 120 Std. à 40 €

⑥ Entnahme aus der Geschäftskasse für private Zwecke, 100 €

⑦ Der Betriebs-PKW wird vom Inhaber zu 20% für private Zwecke genutzt; Kfz-Kosten des Jahres: 5.000 €[2]

⑧ Der Inhaber schenkt seiner Tochter einen Firmen-PC, Buch- und Marktwert 400 €

⑨ Ein vorher ausschließlich betrieblich genutzter PKW wird ins Privatvermögen überführt; Buchwert = 4.200 €; Marktwert = 5.000 €

⑩ Abschluss des Kontos UWA nach Buchung aller Fälle

---

1 Das Konto UWA (unentgeltliche Wertabgabe) erfasst den privaten Verbrauch und die Nutzung betrieblicher Einrichtungen und Leistungen durch den Inhaber; früherer Kontenname: Eigenverbrauch

2 Bei Anschaffungen seit dem 1.1.1999 wird beim Kauf nur die halbe Vorsteuer abgezogen, die Nutzung ist dann USt-frei.

Aufgabe 48	⇨ ***richtig oder falsch?***
	⇨ *Lösung S. 93;* ⇨ *Hintergrund: Kap. C 1*

① Wertpapiere des UV + VSt **an** Bank
② Verbindlichkeiten **an** Bank + VSt
③ Verpackungsaufwand + VSt **an** Verbindlichkeiten
④ Rohstoffaufwand + VSt **an** Rohstoffe
⑤ Kasse **an** Kundenanzahlungen + USt
⑥ Versicherungsaufwand + VSt **an** Bank
⑦ VSt **an** USt
⑧ Eigenkapital **an** Maschinen + USt
⑨ Grundstücke + VSt **an** Hypothekenschulden
⑩ Bank **an** Provisionsertrag + USt

Aufgabe 49	⇨ ***vom BS zum GVF!***
	⇨ *Lösung S. 94;* ⇨ *Hintergrund: Kap. C 1*

① Forderungen an Mitarbeiter **an** Umsatzerlöse + USt
② Privatentnahmen **an** UWA + Umsatzsteuer
③ Geleistete Anzahlungen + VSt **an** Bank
④ Ausgangsfrachten + VSt **an** Verbindlichkeiten
⑤ Betriebsstoffaufwand + VSt **an** Bank
⑥ Vertriebsprovisionen + VSt **an** Bank
⑦ GuV **an** Reinigungsaufwand
⑧ EK **an** GuV
⑨ Versicherungen **an** Postbank
⑩ Bank **an** Erträge aus Beteiligungen und Wertpapieren

Aufgabe 50	⇨ ***Buchen auf Konten!***
	⇨ *Lösung S. 94;* ⇨ *Hintergrund: Kap. C 1*

Nehmen Sie die Ausgangsdaten und GVF von Aufgabe 29 und bilden Sie die BS unter Berücksichtigung der Umsatzsteuer. Buchen Sie dann im Hauptbuch und schließen Sie die Konten ab. Ermitteln Sie den Erfolg!
Anmerkung: Die USt ist bei allen GVF (außer Nr. ① und ⑥) zu berücksichtigen. Im Fall ⑧ ist sie nur auf den Restbetrag zu beziehen!

7 Buchungen in der Beschaffung und im Absatz

Aufgabe 51	⇨ ***vom GVF zum BS!***
	⇨ *Lösung S. 96;* ⇨ *Hintergrund: Kap. C 2*

Ein Möbelhersteller hat folgende GVF; nennen Sie die BS!

① Zielkauf von Holzplatten, netto 4.000 €

② Der anliefernde Spediteur wird bar bezahlt, netto 200 €

③ Rücksendung von falsch gelieferten Platten im Wert von 500 €

④ Wir überweisen den Restbetrag unter 3% Skonto.

⑤ Wir versenden Möbel; der Spediteur schickt uns die ER, netto 300 €

⑥ Zielverkauf; wir verschicken die AR über 8.000 € und belasten den Kunden außerdem mit den Frachtkosten (aus ⑤).

⑦ Der Kunde reklamierte mangelhafte Möbel; wir gewähren ihm einen Nachlass von 10% auf den Warenwert.

⑧ Der Kunde überweist den Restbetrag abzgl. 2% Skonto.

⑨ Der Kunde hat eine bestimmte Absatzmenge überschritten; er erhält einen Bonus (Gutschriftanzeige) von 1.000 € netto.

Aufgabe 52	⇨ ***vom GVF zum BS!***
	⇨ *Lösung S. 96;* ⇨ *Hintergrund: Kap. C 2*

GVF eines Großhändlers; nennen Sie die BS!

① Zielkauf von Lebensmitteln, netto 8.000 €; die ER weist Transportkosten (200 €) gesondert aus.

② Rücksendung falsch gelieferter Ware, Wert 400 €

③ Mängelrüge wg. schlechter Ware; der Lieferant gewährt uns einen Nachlass von 10%.

④ Überweisung des Restbetrags unter Abzug von 3% Skonto.

⑤ Zielverkauf von Non-food-Artikeln, netto 6.000 €

⑥ Der Kunde sendet falsch gelieferte Ware zurück, netto 400 €

⑦ Der Kunde reklamiert minderwertige Ware, wir gewähren einen Nachlass von 20%.

⑧ Der Kunde überweist den Rest unter Abzug von 3% Skonto.

⑨ Abschluss aller Unterkonten.

Aufgabe 53	⇨ ***vom BS zum GVF!***
	⇨ *Lösung S. 96;* ⇨ *Hintergrund: Kap. C 2*

① Verbindlichkeiten **an** Warenaufwand + VSt
② Verbindlichkeiten **an** Nachlässe f. Waren + VSt
③ Verbindlichkeiten **an** Nachlässe f. Waren + VSt + Bank
④ Bezugskosten f. Waren + VSt **an** Verbindlichkeiten
⑤ Forderungen an Lieferer **an** NL f. Waren + VSt
⑥ Forderungen **an** Umsatzerlöse + USt
⑦ Umsatzerlöse + USt **an** Forderungen
⑧ Erlösberichtigungen + USt **an** Forderungen
⑨ Bank + Erlösberichtigungen + USt **an** Forderungen
⑩ NL f. Waren **an** Warenaufwand

Aufgabe 54	⇨ ***vom GVF zum BS!***
	⇨ *Lösung S. 97;* ⇨ *Hintergrund: Kap. C 2*

① Zielkauf von Waren
② Der anliefernde Spediteur (zu Fall ①) wird bar bezahlt
③ Abschluss des Kontos „Bezugskosten“ am Monatsende
④ Rücksendung falsch gelieferter Ware an den Lieferanten
⑤ Zielverkauf von Waren
⑥ Lieferant gewährt uns einen Nachlass wegen Mängelrüge
⑦ Ihr Kunde schickt beschädigte Waren zurück
⑧ Sie gewähren dem Kunden einen Nachlass wegen Mängelrüge
⑨ Monatsabschluss des Unterkontos „Nachlässe für Waren“
⑩ Abschluss des Unterkontos „Erlösberichtigungen“

Aufgabe 55	⇨ ***richtig oder falsch?***
	⇨ *Lösung S. 97;* ⇨ *Hintergrund: Kap. C 2*

① Verbindlichkeiten **an** Warenaufwand + VSt
② Verbindlichkeiten **an** Nachlässe + VSt + Bank
③ Forderungen an Lieferer **an** Nachlässe für Waren + Vorsteuer
④ Ausgangsfrachten **an** Verbindlichkeiten + VSt
⑤ VSt **an** USt
⑥ SBK **an** VSt

⑦ GuV **an** Ausgangsfrachten

⑧ Erlösberichtigungen **an** GuV

⑨ Nachlässe für Waren **an** Warenvorrat

⑩ Bezugskosten für Waren **an** Warenaufwand

Aufgabe 56	⇨ ***vom GVF zum BS!***
	⇨ *Lösung S. 97;* ⇨ *Hintergrund: Kap. C 2*

Wir sind ein Industriebetrieb und produzieren u.a. Bleche. Nennen Sie die BS, die alle mit dem Verkauf von Blechen (= Fertigerzeugnisse) zusammenhängen:

① Wir veranlassen die Auslieferung von Blechen an einen Kunden; dazu erhalten wir die ER der Spedition über 1.000 € netto

② Wir versenden die AR über netto 20.000 € und stellen dem Kunden außerdem die Frachtkosten in Rechnung (siehe Fall ①)

③ Der Kunde sendet falsch gelieferte Bleche im Wert von 800 € zurück

④ Des weiteren moniert der Kunde fehlerhafte Ware; wir gewähren ihm daraufhin einen Nachlass von 1.200 €

⑤ Der Kunde überweist rechtzeitig den ausstehenden Restbetrag unter Abzug von 2% Skonto

⑥ Da der Kunde mittlerweile eine bestimmte Blechmenge von uns bezogen hat, senden wir ihm eine Gutschriftanzeige über einen Bonus von 1.000 € zzgl. USt zu

⑦ Abschluss des Unterkontos bzw. der Unterkonten

Aufgabe 57	⇨ ***vom GVF zum BS!***
	⇨ *Lösung S. 98;* ⇨ *Hintergrund: Kap. C 2*

Buchen Sie alle Fälle der Aufgabe 56 aus Sicht des Kunden! Für diesen Stellen die Bleche Rohstoffe dar. Den Fall ① können Sie nicht aus Sicht des Kunden buchen, allerdings in Fall ② berücksichtigen...

Schließen Sie auch hier als letztes die Unterkonten ab!

8 Buchungen in der Produktion

Aufgabe 58	⇨ *Kontenabschluss! BS?*
	⇨ *Lösung S. 98;* ⇨ *Hintergrund: Kap. C 3*

Sie haben die folgenden Bestände lt. Ihren Büchern sowie die Inventurbestände vorliegen. Schließen Sie die Konten ab:

Konto/Vermögensgegenstand	Buchbestand	Inventurbestand
① Heizöl	8.600	2.500
② Warenaufwand	76.000	11.000
③ Kasse	2.700	2.760
④ Hilfsstoffvorrat	33.800	4.600
⑤ Unfertige Erzeugnisse	17.200	21.500
⑥ Fertigerzeugnisse	8.100	6.900

Aufgabe 59	⇨ *vom GVF zum BS!*
	⇨ *Lösung S. 98;* ⇨ *Hintergrund: Kap. C 3*

① Buchen des Inventurbestandes von Heizöl.
② Der Heizölverbrauch wird gebucht.
③ Buchen des Inventurbestandes an Waren.
④ Dabei ergibt sich ein Mehrbestand.
⑤ Statt dessen wird ein Minderbestand ermittelt.

Aufgabe 60	⇨ *vom BS zum GVF!*
	⇨ *Lösung S. 99;* ⇨ *Hintergrund: Kap. C 2-3*

① Rohstoffvorrat + VSt **an** Verbindlichkeiten a. LL
② Verbindlichkeiten a. LL **an** Nachlässe für Rohstoffe + VSt
③ Verbindlichkeiten a. LL **an** Nachlässe für RS + VSt + Bank
④ SBK **an** Rohstoffvorrat
⑤ Rohstoffaufwand **an** Rohstoffvorrat
⑥ GuV **an** Rohstoffaufwand
⑦ SBK **an** Fertigerzeugnisse
⑧ Bestandsveränderungen **an** Fertigerzeugnisse
⑨ GuV **an** Bestandsveränderungen
⑩ Bestandsveränderungen **an** GuV

Aufgabe 61	⇨ ***Buchen auf Konten!***
	⇨ *Lösung S. 99;* ⇨ *Hintergrund: Kap. C 3*

Aktiva	**Eröffnungsbilanz**		Passiva
BGA	40.000	EK	50.000
Rohstoffe	12.000	Darlehen	31.000
Unfertige Erzeugnisse	6.000	Verbindlichkeiten a. LL	19.000
Forderungen a. LL	9.000		
Kasse	1.000		
Bank	32.000		
	100.000		100.000

Buchen Sie auf Basis dieser Eröffnungsbilanz die folgenden GVF; buchen Sie dann die Inventurdifferenzen und schließen Sie alle Konten ab. Ermitteln Sie den Erfolg!

① Überweisung der Miete, 3.000 €
② Zielkauf von Rohstoffen, netto 9.000 €
③ Der anliefernde Spediteur wird bar bezahlt, netto 100 €
④ Verbrauch von Rohstoffen lt. Entnahmeschein, netto 3.600 €
⑤ Überweisung der ER für Rohstoffe (Fall ②) abzgl. 2% Skonto
⑥ Leasingrate für Maschinen wird überwiesen, netto 5.000 €
⑦ Zielverkauf von eigenen Erzeugnissen, netto 27.000 €
⑧ Mängelrüge des Kunden; wir gewähren 2.000 € Nettonachlass zu Fall ⑦
⑨ Überweisung von Löhnen, 6.000 €
⑩ Unser Kunde begleicht die AR (Fall ⑦ + ⑧) abzgl. 3% Skonto

Zum 31.12. stellen wir folgende Inventurbestände fest:
a) Rohstoffvorrat:........... 11.200 €
b) Unfertige Erzeugnisse:. 4.400 €
c) Fertigerzeugnisse: .... 2.200 €

Aufgabe 62	⇨ ***richtig oder falsch?***
	⇨ Lösung S. 101; ⇨ Hintergrund: Kap. C 3

① Rohstoffvorrat **an** Rohstoffaufwand
② Warenvorrat **an** Warenaufwand
③ Hilfsstoffvorrat **an** Verbindlichkeiten
④ Bestandsveränderungen **an** Unfertige Erzeugnisse
⑤ Nachlässe für Warenaufwand **an** Warenaufwand
⑥ GuV **an** Erlösberichtigungen
⑦ SBK **an** Bezugskosten für Rohstoffe
⑧ Forderungen **an** Umsatzerlöse + Ausgangsfrachten + USt
⑨ Verlust aus Schadensfällen **an** Hilfsstoffvorrat
⑩ Verpackungsmaterialaufwand **an** Verpackungsmaterial

Aufgabe 63	⇨ ***vom GVF zum BS!***
	⇨ Lösung S. 102; ⇨ Hintergrund: Kap. C 3

Die folgenden GVF gehören gedanklich zusammen. Nennen Sie die Buchungssätze.

① Wir bestellen Waren und leisten dazu eine Anzahlung per Bank
② Zielkauf von Waren (als Aufwand buchen)
③ Rücksendung von falsch gelieferten Waren
④ Lieferant gewährt uns einen Nachlass auf die Waren
⑤ Noch vor Begleichung der ER teilt uns der Lieferant mit, dass wir einen Bonus erhalten, den wir mit der offenen Rechnung verrechnen dürfen
⑥ Überweisung des Restbetrags unter Abzug von Skonto
⑦ Abschluss des Unterkontos
⑧ Der AB an Warenvorräten betrug 20.000 €, der Inventurbestand 7.000 €
⑨ Statt dessen beträgt der Inventurbestand nunmehr 24.000 €

9 Buchungen im Zahlungsverkehr

Aufgabe 64	⇨ *vom GVF zum BS!*
	⇨ *Lösung S. 102;* ⇨ *Hintergrund: Kap. C 4*

Wie lauten die Buchungssätze?

① Wir leisten eine Anzahlung für eine Warenlieferung (per Bank).

② Später erhalten wir die ER (zu Fall ①).

③ Wir überweisen den Restbetrag unter Skontoabzug.

④ Unser Kunde gibt uns als Anzahlung einen Scheck.

⑤ Unser Händler überweist uns eine Vermittlungsprovision.

⑥ Warenverkauf; der Kunde bezahlt per Kreditkarte.

⑦ Wir bezahlen unsere ER per Scheck.

⑧ Unser Rohstofflieferant sendet uns als Bonus einen Scheck zu.

⑨ Unser Kunde leistet eine Vorauszahlung per Scheck.

Aufgabe 65	⇨ *vom BS zum GVF!*
	⇨ *Lösung S. 102;* ⇨ *Hintergrund: Kap. C 4*

Nennen Sie die zugrundeliegenden GVF:

① Warenaufwand + VSt **an** Schuldwechsel

② Forderungen **an** Diskontertrag

③ Schuldwechsel **an** Kasse

④ Besitzwechsel **an** Forderungen a. LL

⑤ Geleistete Anzahlungen + VSt **an** Schuldwechsel

⑥ Geleistete Anzahlungen + VSt **an** Besitzwechsel

⑦ Bank + Kosten des Geldverkehrs **an** Besitzwechsel

⑧ Bank + Kosten des GV + Diskontaufwand **an** Besitzwechsel

⑨ Diskontaufwand **an** Verbindlichkeiten

⑩ BGA + VSt **an** Besitzwechsel + Bank

Aufgabe 66	⇨ *richtig oder falsch?*
	⇨ *Lösung S. 103;* ⇨ *Hintergrund: Kap. C 4*

① Schuldwechsel + Kosten d. GV **an** Bank

② Rohstoffvorrat + VSt **an** Besitzwechsel

③ Verbindlichkeiten **an** Diskontaufwand
④ Besitzwechsel **an** Kundenanzahlungen + USt
⑤ Rohstoffe + VSt **an** Geleistete Anzahlungen + Schuldwechsel
⑥ Schecks **an** Bank
⑦ Schuldwechsel + Kosten des Geldverkehrs **an** Bank
⑧ Diskontertrag **an** GuV
⑨ Diskontertrag **an** Forderungen

Aufgabe 67	⇨ ***Buchen auf Konten!***
	⇨ Lösung S. 103; ⇨ Hintergrund: Kap. C 4

Buchen Sie die folgenden GVF und schließen Sie die Konten ab:

① Zielkauf von Waren, netto 8.000 €
② Der Lieferant zieht auf uns einen Wechsel, den wir akzeptieren.
③ Er berechnet uns für 90 Tage 8% Diskont.[1]
④ Kunde überweist eine ausstehende Rechnung (brutto 2.900 €) unter Abzug von 3% Skonto
⑤ Verkauf von Waren gegen Scheck, netto 2.000 €
⑥ Scheckeinreichung bei der Bank (zu Fall ⑤)
⑦ Verkauf von Waren gegen Wechsel, netto 10.000 €
⑧ Wir berechnen dem Kunden außerdem für 60 Tage 6% Diskont
⑨ Wir geben den Wechsel ⑦ unserer Bank zum Diskont; sie berechnet dafür 10 € Spesen und 5,8 % Zinsen für 59 Tage
⑩ Inkasso eines Besitzwechsels (3.000 €) kurz vor Fälligkeit; die Bank verlangt dafür 12 € Spesen und schreibt uns den Rest gut

Aktiva	**Eröffnungsbilanz**		Passiva
BGA	60.000	EK	70.000
Waren	33.000	Darlehen	34.000
Forderungen a. LL	24.000	Verbindlichkeiten a. LL	36.000
Besitzwechsel	5.000		
Bank	18.000		
	140.000		140.000

Zum 31.12. ergibt die Inventur einen SB von Waren über 34.000 €.

1 Eigentlich fiele hierauf USt an; sie sei vernachlässigt.

10 Buchungen im Personalbereich, Steuern, Versicherungen

Aufgabe 68	⇨ ***Antwort?***
	⇨ *Lösung S. 105;* ⇨ *Hintergrund: Kap. C 5*

① Wodurch unterscheiden sich Brutto- und Nettolohn?

② Was gehört alles zur Sozialversicherung? Wer trägt sie jeweils und in welcher Höhe? Wie werden sie gebucht?

③ Wieso ist „FA-Verbindlichkeiten" ein Passivkonto? Wann und wie wird es angesprochen?

④ Welche zusätzliche Buchung fällt mit einer Gehaltsbuchung zwangsläufig an?

⑤ Wodurch kann der Auszahlungsbetrag gekürzt werden? Nennen Sie Beispiele!

⑥ Buchen Sie: Sie geben einem Arbeiter einen Barvorschuss.

⑦ Wie werden Urlaubsgelder behandelt?

⑧ Wie wird verfahren, wenn bis zur Gehaltsabrechnung die Lohnsteuerkarte des Mitarbeiters noch nicht vorliegt

Aufgabe 69	⇨ ***vom GVF zum BS!***
	⇨ *Lösung S. 105;* ⇨ *Hintergrund: Kap. C 5*

① Unsere Sekretärin verdient 2.400 € brutto. Ihre Lohnsteuer beträgt 400 €, die Kirchensteuer 36 €, der Solidaritätszuschlag 22 € und der AN-Anteil zur Sozialversicherung 20% des Bruttogehalts. Das Nettogehalt wird überwiesen. BS?

② Gleicher Fall wie eben, allerdings muss noch berücksichtigt werden, dass die Sekretärin einen Barvorschuss erhalten hatte (300 €) und im Personalverkauf Waren kaufte, die noch nicht verrechnet wurden (Wert: 200 €)

③ Im Folgemonat überweisen Sie die Beträge an die Krankenkasse und ans Finanzamt (zu Fall ①)

④ Wir zahlen eine Heiratsbeihilfe, 300 €

⑤ Überweisung der Beiträge an die BG, 800 €

⑥ Wir gewähren einem Mitarbeiter ein Darlehen, 20.000 €

⑦ Bei einer Gehaltsabrechnung wird von ihm Zins (30 €) und Tilgung (400 €) einbehalten. BS (auf Basis von Fall ①)?

⑧ Zum Betriebsjubiläum bekommt ein Angestellter eine Jubiläumszuwendung von 300 € in bar (steuerfrei)

⑨ Abschluss des Kontos „AG-Anteil zur SV“

Aufgabe 70	⇨ ***vom GVF zum BS!***
	⇨ *Lösung S. 106;* ⇨ *Hintergrund: Kap. C 6-7*

① Sie überweisen die Grundsteuer

② Sie überweisen die Grunderwerbsteuer

③ Sie leisten eine Gewerbesteuer-Nachzahlung fürs Vorjahr

④ Bankgutschrift für im Vorjahr zuviel bezahlte Steuern: Einkommensteuer und Gewerbesteuer

⑤ Sie überweisen einen Säumniszuschlag für verspätet bezahlte Körperschaftsteuer

⑥ Sie bezahlen die im Vormonat einbehaltenen Lohn- und Kirchensteuern per Scheck

⑦ Der Inhaber überweist seine Einkommensteuer

⑧ Die Versicherungsprämie fürs Geschäftsgebäude wird überwiesen

⑨ Sie erhaltene eine Bankgutschrift für Beitragsrückvergütung der Autoversicherung (für den Geschäftswagen)

⑩ Der Inhaber überweist Einkommen- und Gewerbesteuer

Aufgabe 71	⇨ ***richtig oder falsch?***
	⇨ *Lösung S. 106;* ⇨ *Hintergrund: Kap. C 6*

① FA-Verbindlichkeiten + USt **an** Bank

② Bank **an** Versicherungen

③ AG-Anteil zur SV **an** SV-Verb.

④ Betriebsteuern **an** Bank

⑤ Bank **an** Steuern vom Einkommen und Ertrag

⑥ Periodenfremder Ertrag **an** Bank

⑦ Privatentnahmen **an** Bank

⑧ Beiträge zur BG **an** Bank

⑨ GuV **an** Periodenfremder Ertrag

⑩ Gehalt **an** FA-Verb. + SV-Verb. + Bank + Ford. an MA

Aufgabe 72	⇨ ***vom GVF zum BS!***
	⇨ *Lösung S. 107;* ⇨ *Hintergrund: Kap. C 5-7*

① Barvorschuss an Mitarbeiter
② Die Versicherungsprämie wurde abgebucht
③ Vorauszahlung der Einkommensteuer des Inhabers
④ Überweisung der Zahllast
⑤ Bankgutschrift für im Vorjahr zuviel bezahlte Gewerbesteuer
⑥ Wir überweisen die Grunderwerbsteuer
⑦ Da ein LKW abgemeldet wurde, erhalten wir eine Gutschrift über die restliche Kfz-Steuer
⑧ Buchung der Lohnabrechnung (zu Fall ①)
⑨ Die Beiträge für die Unfallversicherung werden überwiesen
⑩ Gutschrift für im Vorjahr zuviel bezahlte Einkommensteuer

Aufgabe 73	⇨ ***vom BS zum GVF!***
	⇨ *Lösung S. 107;* ⇨ *Hintergrund: Kap. C 5-7*

① SV-Verbindlichkeiten **an** Bank
② Forderungen an Mitarbeiter **an** UE + USt
③ Sonstige Lohnkosten **an** Bank
④ Lohn **an** FA-Verb. + SV-Verb. + Bank + Mietertrag
⑤ GuV **an** Periodenfremder Aufwand
⑥ Kfz-Steuer **an** Bank
⑦ Bank **an** Privateinlagen
⑧ GuV **an** Beiträge zur BG
⑨ Steuern vom Einkommen und Ertrag **an** Bank
⑩ Versicherungen **an** Bank

Aufgabe 74	⇨ ***vom GVF zum BS! Kontenabschluss!***
	⇨ *Lösung S. 107;* ⇨ *Hintergrund: Kap. C 1-7*

Sie haben die folgenden Salden zum 23.12. vorliegen, d.h. um die angegebenen Beträge überwiegt jeweils das Soll bzw. das Haben. Nennen Sie zu den folgenden GVF die BS – auch jene, die sich mit dem Kontenabschluss ergeben (das GuV-Konto *nicht* abschließen).

Wenn es Ihnen leichter fällt, dürfen Sie sich gerne die Konten aufzeichnen (nehmen Sie dazu die angegebenen Salden quasi als AB).

Konto	Soll	Haben
Warenvorrat	7.000	–
Rohstoffvorrat	23.000	–
Bezugskosten für Rohstoffe	2.000	–
Nachlässe für Rohstoffe	–	1.000
Unfertige Erzeugnisse	11.000	–
Fertigerzeugnisse	8.000	–
Vorsteuer	9.000	–
Eigenkapital	–	–
Privatentnahmen	14.000	–
Privateinlagen	–	2.000
Umsatzsteuer	–	48.000
Umsatzerlöse	–	300.000
Erlösberichtigungen	10.000	–
Warenaufwand	25.000	–
Bezugskosten für Waren	5.000	–
Nachlässe für Waren	–	3.000
Betriebsteuern	6.000	–

In der Woche bis zum 31.12. fallen noch diese GVF an:

① Die Einkommensteuer des Inhaber wird überwiesen, 4.000 €

② Die Kfz-Steuer für Betriebs-PKW wird überwiesen, 1.000 €

③ Bankgutschrift für zuviel gezahlte Gewerbesteuer, 3.000 €

④ Wir überweisen eine offene ER (Bezug von Rohstoffen), netto 10.000 € unter 3% Skonto

⑤ Ein Kunde überweist eine offene AR (brutto 5.800 €) unter Abzug von 2% Skonto

⑥ Beim Kauf eines Grundstücks im Wert von 400.000 € fällt die Grunderwerbsteuer an; wir überweisen sie

⑦ Inventurbestand der Warenvorräte: 11.000 €

⑧ Inventurbestand der Rohstoffe: 6.000 €

⑨ Inventurbestand der Unfertigen Erzeugnisse: 13.000 €

⑩ Inventurbestand der Fertigerzeugnisse: 2.000 €

11 Buchungen im Sachanlagenbereich

Vorbemerkung: Soweit nachfolgend Abschreibungsbeträge zu errechnen sind, wurden die neuen Bestimmungen zugrundegelegt; bei der degressiven Abschreibung bedeutet dies: 20% bzw. das Doppelte des linearen AfA-Satzes (bis 2001: 30% bzw. das Dreifache).

Aufgabe 75	⇨ *vom GVF zum BS! Antwort?*
	⇨ *Lösung S. 110;* ⇨ *Hintergrund: Kap. C 8*

① Verkaufspreis des Grundstücks, 200.000 €
② ER des Immobilienmaklers, netto 3% auf den Verkaufspreis
③ Überweisung der Grunderwerbsteuer
④ Notargebühr, ER, netto 3.000 €
⑤ Grundbucheintrag bar, 1.000 €
⑥ Anschlusskosten: ER der Tiefbaufirma, netto 9.000 €
⑦ Fürs laufende Jahr wird die Grundsteuer überwiesen, 1.500 €
⑧ Wie hoch sind die aktivierungspflichtigen Anschaffungskosten?
⑨ Warum schreiben Sie das Grundstück nicht planmäßig ab?
⑩ Wie schreiben Sie ab, wenn es sich um ein Gebäude handelt?

Aufgabe 76	⇨ *vom GVF zum BS!*
	⇨ *Lösung S. 110;* ⇨ *Hintergrund: Kap. C 8*

① Sie erhalten einen Sofortrabatt auf Ihren neuen PKW (Zielkauf).
② Sie bezahlen den PKW unter Skontoabzug.
③ ER der Lackiererei für Werbeschriftzug.
④ Der Dachausbau des Geschäftsgebäudes ist abgeschlossen; Sie haben die Arbeiten mit Betriebspersonal ausgeführt.
⑤ Wie Fall ④, die Arbeit wurde nun durch Fremdfirmen erbracht.
⑥ Sie verkaufen einen PKW über Buchwert (2 Buchungen!).
⑦ Wie buchen Sie, wenn Sie für private Zwecke einen PKW aus dem Geschäftsvermögen entnehmen?
⑧ Zu Fall ⑥: Wie lautet die 2. Buchung, wenn Sie das Auto unter Buchwert verkaufen?
⑨ Inzahlunggabe eines alten PKW beim Kauf eines neuen.

Aufgabe 77	⇨ ***vom BS zum GVF!***
	⇨ Lösung S. 110; ⇨ Hintergrund: Kap. C 8

① Anlagen im Bau + Vorsteuer **an** Verbindlichkeiten
② Gebäude **an** Anlagen im Bau
③ BGA **an** Aktivierte Eigenleistung
④ Fremdinstandhaltung + Vorsteuer **an** Bank
⑤ Forderungen **an** Erlös aus Anlagenabgang + Umsatzsteuer
⑥ Erlös aus Anlagenabgang **an** BGA + Ertrag aus Anlagenabgang
⑦ Erlös aus Anlagenabgang + Verlust aus Anl.abgang **an** BGA
⑧ Verbindlichkeiten **an** Erlös aus Anlagenabgang + Umsatzsteuer
⑨ Privatentnahmen **an** UWA + Umsatzsteuer
⑩ UWA **an** BGA + Ertrag aus Anlagenabgang

Aufgabe 78	⇨ ***Antwort?***
	⇨ Lösung S. 111; ⇨ Hintergrund: Kap. C 8

① Wie wird die Abschreibung gebucht?
② Welche unbeweglichen Anlagegüter dürfen Sie abschreiben?
③ Wann wird abgeschrieben?
④ Was ist die Bemessungsgrundlage für die Abschreibung?
⑤ Welches ist die Standardmethode der Abschreibung? Wie wird sie berechnet?
⑥ Für welche Güter ist die degressive Abschreibung anwendbar?
⑦ Wie funktioniert die degressive Abschreibung?
⑧ Wie funktioniert die Leistungsabschreibung? Für welche Güter ist sie anwendbar?

Aufgabe 79	⇨ ***vom GVF zum BS!***
	⇨ Lösung S. 111; ⇨ Hintergrund: Kap. D 2

① Sie kaufen einen PKW auf Ziel: der Listenpreis beträgt 20.000 €; der Händler gewährt Ihnen einen Sonderrabatt von 8%
② Die Nummernschilder bezahlen Sie per Scheck, netto 40 €
③ Sie bezahlen 30 € für die Anmeldung in bar
④ Sie überweisen die Händlerrechnung mit 2% Skontoabzug

⑤ Sie lassen den PKW mit einem Werbeschriftzug versehen, ER über netto 400 €

⑥ Ermitteln Sie die Anschaffungskosten!

⑦ Für welche Abschreibungsmethode entscheiden Sie sich im 1. Jahr, wenn Sie möglichst hoch abschreiben wollen? Ermitteln und vergleichen Sie die Ergebnisse! Die geschätzte Gesamtleistung beträgt 150000 km, im 1. Jahr wird er 23400 km gefahren. Die Nutzungsdauer beträgt 6 Jahre.

⑧ Buchen Sie die lineare Abschreibung im 1. Jahr und schließen Sie die Konten ab.

⑨ Buchen Sie statt dessen die Abschreibung indirekt und schließen dann die Konten ab.

⑩ Worin sehen Sie einen Vorteil der indirekten Abschreibung?

Aufgabe 80	⇨ ***Antwort?***
	⇨ *Lösung S. 112;* ⇨ *Hintergrund: Kap. D 2*

① Was sind GWG? Wie werden sie gebucht?

② Wie werden GWG bis 60 € netto gebucht?

③ Welche Güter können außerplanmäßig abgeschrieben werden?

④ Beschreiben Sie, wie *indirekt* abgeschrieben wird!

⑤ Wieso sind Wertberichtigungen zwar Passiva aber kein FK?

Aufgabe 81	⇨ ***richtig oder falsch?***
	⇨ *Lösung S. 113;* ⇨ *Hintergrund: Kap. D 2*

① Anlagen im Bau + VSt **an** Schuldwechsel

② BGA + Büromaterial + VSt **an** Verbindlichkeiten

③ Maschinen + VSt **an** Aktivierte Eigenleistung

④ Privatentnahmen **an** Fuhrpark + USt

⑤ WB auf Sachanlagen **an** Fuhrpark + Ertrag aus Anlagenabgang

⑥ GWG **an** BGA

⑦ Abschreibung auf GWG **an** GWG

⑧ Wertberichtigungen auf Sachanlagen **an** Abschreibungen

⑨ Außerplanmäßige Abschreibungen **an** Grundstücke

⑩ Zuschreibungen **an** Grundstücke

Aufgabe 82	⇨ ***vom GVF zum BS! Kontenabschluss!***
	⇨ *Lösung S. 113;* ⇨ *Hintergrund: Kap. C 8*

Sie haben den Auszug einer Saldenbilanz vorliegen:

Konto	**Soll**	**Haben**
Gebäude	220.000	–
Fuhrpark	48.000	–
BGA	31.000	–
Anlagen im Bau	81.000	–
GWG	9.000	–
WB auf Fuhrpark	–	8.000

Zum 31.12. müssen Sie noch berücksichtigen:

① Einige Bürostühle wurden versehentlich auf BGA erfasst; buchen Sie sie auf GWG um; Wert: 1.200 €

② Die (jetzt verminderten) BGA werden mit 20% degressiv abgeschrieben.

③ Vollabschreibung auf die GWG

④ Die Anlagen im Bau betreffen eine neue Halle, zu der am 28.12. die letzte Rechnung über 29.000 € netto eintrifft (noch nicht gebucht)

⑤ Aktivieren Sie die Lagerhalle und

⑥ schreiben Sie sie dann linear ab; ND = 20 Jahre. Das andere Gebäude wird noch 22 Jahre linear abgeschrieben.

⑦ Durch eine Bodensenkung werden Risse in diesem Gebäude festgestellt; sein Wert sinkt auf 160.000 €

⑧ Die lineare Abschreibung des Fuhrparks erfolgt *indirekt*; es wurde bisher eins von 6 Jahren abgeschrieben.

⑨ Schließen Sie die Konten ab.

12 Bewertung von Forderungen und Verbindlichkeiten

Aufgabe 83	⇨ ***Antwort? vom GVF zum BS!***
	⇨ *Lösung S. 114;* ⇨ *Hintergrund: Kap. D 3*

① Nennen Sie Beispiele für das Entstehen uneinbringlicher Forderungen.

② Was versteht man unter dem speziellen Ausfallrisiko?

③ Ihr Schuldner beantragt Insolvenz, brutto 4.640 €; Buchung?

④ Im *gleichen* Jahr ist das Verfahren beendet; Sie erhalten 40%.

⑤ Im *Folge*jahr überweist Ihr Schuldner weitere 500 €. BS?

⑥ Wann buchen Sie die Abschreibung auf Forderungen *indirekt*?

⑦ Warum kommt es dabei im Folgejahr i.d.R. entweder zu einem periodenfremden Aufwand oder Ertrag?

⑧ Im Vorjahr hatten Sie auf eine Bruttoforderung von 2.320 € 60% Wertberichtigungen vorgenommen. Bei Abschluss des Insolvenzverfahrens werden Ihnen 50% = 1.160 € überwiesen. Wie lauten die BS im neuen Jahr?

⑨ Zum Beginn des Geschäftsjahres haben Sie einen PWB-Bestand von 5.000 €. Eine Ihrer einwandfreien Forderungen aus dem Vorjahr wird uneinbringlich (brutto 3.480 €). Buchung?

⑩ Zum Ende desselben Geschäftsjahres betragen Ihre Forderungen a. LL netto 80.000 €; Ihre PWB soll 3% betragen. BS?

Aufgabe 84	⇨ ***vom BS zum GVF!***
	⇨ *Lösung S. 115;* ⇨ *Hintergrund: Kap. D 3-4*

① Zweifelhafte Forderungen **an** Forderungen

② Abschreibungen auf Forderungen **an** EWB

③ Bank **an** periodenfremde Erträge + USt

④ Abschreibungen auf Forderungen + USt **an** Forderungen

⑤ PWB **an** SBK

⑥ PWB **an** Ertrag aus der Herabsetzung von PWB

⑦ Warenaufwand **an** Verbindlichkeiten

⑧ Sonstiger Aufwand **an** Forderungen

⑨ Bank und Zinsaufwand **an** Darlehen

⑩ Zinsaufwand **an** ARA

Aufgabe 85	⇨ ***vom GVF zum BS!***
	⇨ *Lösung S. 116;* ⇨ *Hintergrund: Kap. D 3-4*

① Sie hatten am 19.12. eine AR auf $ fakturiert (ausgestellt), und zwar über 10.000 €. Der Kurs betrug 0,88 € je $. Zum 31.12. notiert der US-Dollar bei a) 0,86 €, b) 0,91 €

② Buchen Sie den Umkehrfall, d.h., nunmehr haben Sie die ER über 10.000 $ aus Fall ① erhalten; selbe Kurssituation!

③ Sie nehmen am 01.07. ein Darlehen über 200.000 € mit 5 Jahren Laufzeit auf, von dem die Bank 5% Disagio einbehält. Buchen Sie a) zum 01.07., b) zum 31.12. des 1. Jahres (!) und c) zum 31.12. des Folgejahres

④ Sie begeben eine Anleihe, und zwar werden 1.000 Schuldverschreibungen zu je 500 € herausgegeben. Die Bedingungen lauten: Ausgabekurs = 97%, Rücknahmekurs 103%, Laufzeit 10 Jahre. Buchen Sie a) die Ausgabe und b) die Rückzahlung nach 10 Jahren, wofür die Bank Ihnen 5.000 € Spesen berechnet.

⑤ Sie hatten am 18.11. Waren im Wert von 20.000 € auf Ziel verkauft. Am 12.12. erfahren Sie, dass Ihr Schuldner Insolvenz beantragt hat. Zum 31.12. rechnen Sie mit einem Ausfall von 70%. Nennen Sie beide BS.

⑥ Im Folgejahr ist das Verfahren (Fall ⑤) beendet; Sie erhalten per Überweisung a) 6.960 €, b) 9.280 € bzw. c) 5.800 €

Aufgabe 86	⇨ ***richtig oder falsch?***
	⇨ *Lösung S. 117;* ⇨ *Hintergrund: Kap. D 3-4*

① Zweifelhafte Forderungen **an** EWB

② Abschreibungen auf Forderungen **an** PWB

③ Forderungen **an** periodenfremde Erträge + USt

④ PWB + USt **an** Forderungen

⑤ SBK **an** EWB

⑥ Abschreibungen **an** Verbindlichkeiten

⑦ Umsatzsteuer **an** Zweifelhafte Forderungen

⑧ Forderungen **an** Erträge aus Kursdifferenzen

⑨ PWB **an** EWB

⑩ GuV **an** Periodenfremde Erträge

13 Zeitliche Abgrenzungen

Aufgabe 87	⇨ *vom GVF zum BS! Antwort?*
	⇨ *Lösung S. 117; ⇨ Hintergrund: Kap. D 5*

① Am 20. Dez. bezogen Sie Waren für 5.000 $ (Anschaffungskurs = 0,90 €/$). Tageskurs am 31. Dez. = 0,93 €/$; BS?

② Sie nehmen ein Darlehen über 300.000 € auf; der Auszahlungsbetrag wird um 5% Disagio gekürzt. Buchung?

③ Wie buchen Sie zum 31. Dez. bei 3 Jahren Kredit-Laufzeit?

④ Sie überwiesen am 1. April 600 € Kfz-Steuer für ein Jahr im Voraus. Buchung zum 31. Dez.?

⑤ Wie buchen Sie im neuen Jahr?

⑥ Ihr Darlehensnehmer überwies die Zinsen für Nov. bis Jan. bereits im Nov., zusammen 300 €. Buchung zum 31. Dez.?

⑦ Und wie wird zum 1. Jan. gebucht (zu Fall ⑥)?

⑧ Ihr Mieter überweist die Miete für Dez. erst im Jan.; BS?

⑨ Sie müssen die Pacht für Dez. noch überweisen; Buchung?

⑩ Schauen Sie sich die Kontengruppe der „Sonstigen Verbindlichkeiten“ mal genauer an: was ist das Gemeinsame dieser Konten?

Aufgabe 88	⇨ *vom BS zum GVF!*
	⇨ *Lösung S. 118; ⇨ Hintergrund: Kap. D 5*

① ARA **an** Versicherungen

② Bank + ARA **an** Anleihen

③ Zinsaufwand **an** ARA

④ ARA **an** Zinsaufwand

⑤ PRA **an** Mieterträge

⑥ SBK **an** ARA

⑦ Postgebühren **an** Sonst. Verbindlichkeiten

⑧ Bank **an** Sonstige Forderungen + Zinserträge

⑨ Sonstige Verbindlichkeiten + VSt **an** Bank

⑩ Sonstige Verbindlichkeiten + Beratungskosten + VSt **an** Bank

Aufgabe 89	⇨ *richtig oder falsch?*
	⇨ *Lösung S. 118;* ⇨ *Hintergrund: Kap. D 5*

① Sonstige Forderungen **an** Zinserträge
② ARA **an** GuV
③ Stromkosten **an** Sonstige Verbindlichkeiten
④ Fremdinstandhaltung **an** Sonstige Rückstellungen
⑤ Sonst. RüSt. + VSt **an** Bank + Ertrag a. d. Auflösung v. RüSt.
⑥ SBK **an** Sonst. Verbindlichkeiten
⑦ GuV + ARA **an** Beratungskosten
⑧ Bank **an** Periodenfremder Ertrag
⑨ Sonstige Gehaltskosten **an** Pensionsrückstellungen
⑩ Gewerbesteuer + VSt **an** Steuerrückstellungen

Aufgabe 90	⇨ *vom GVF zum BS!*
	⇨ *Lösung S. 119;* ⇨ *Hintergrund: Kap. D 5*

① Erhalt der ER und Überweisung der Kfz-Versicherung für ein Jahr ab 01.06., 600 €
② Zum 31.12. wird Fall ① abgegrenzt
③ Zum 31.12. steht die Telefonrechnung für den Dezember noch aus, netto 750 €
④ Im Januar des Folgejahres wird die Telefonrechnung (Fall ③) vom Postbankkonto abgebucht
⑤ Unser Handelsvertreter hatte im Nov. und Dez. Umsätze in Höhe von 80.000 € erbracht; dafür stehen ihm 5% Provision (auf den Bruttoumsatz!) zu, der zum 31.12. noch nicht gebucht ist, da noch keine Abrechnung erstellt wurde
⑥ Wir überweisen dem Handelsvertreter am 15.01. seine Provision (zu Fall ⑤)
⑦ Für einen laufenden Prozess rechnen wir mit Prozesskosten in Höhe von 4.000 €
⑧ Im Folgejahr ist der Prozess beendet; wir erhalten die ER des Gerichts über Prozesskosten in Höhe von 3.600 €
⑨ Statt dessen (Fall ⑧) verlangt das Gericht von uns 4.200 €
⑩ Wie hieße der BS zu Fall ⑧, wenn es sich dabei bspw. um eine Reparatur handeln würde (gleiche Beträge)?

Aufgabe **91**	⇨ ***richtig oder falsch?***
	⇨ Lösung S. 119; ⇨ Hintergrund: Kap. D 5

① Sonstige Forderungen **an** Zweifelhafte Forderungen
② Mietaufwand **an** ARA
③ Sonstige Verbindlichkeiten + VSt **an** Bank
④ Sonst. RüSt. + periodenfr. Aufwand **an** Bank
⑤ PRA **an** Zinserträge
⑥ Zinserträge **an** PRA
⑦ PRA **an** Provisionserträge + USt
⑧ Bank + Provisionsaufwand + VSt **an** UE + USt
⑨ PRA **an** GuV
⑩ Steuerrückstellungen **an** Bank + periodenfremder Ertrag

Aufgabe **92**	⇨ ***vom BS zum GVF!***
	⇨ Lösung S. 119; ⇨ Hintergrund: Kap. D 5

① Rechts- und Beratungskosten **an** Sonstige Verbindlichkeiten
② Pensionsrückstellungen **an** Ertrag a. d. Auflösung von RüSt
③ Bank + Zinsaufwand **an** Darlehen
④ Bank + ARA **an** Darlehen
⑤ Abschreib. auf Ford. + USt **an** Zweifelhafte Forderungen
⑥ Abschreib. auf Ford. + USt **an** (einwandfreie) Forderungen
⑦ Unfertige Erzeugnisse **an** BV
⑧ PWB **an** Periodenfremder Ertrag
⑨ Sonstiger Aufwand **an** Verbindlichkeiten
⑩ Sonst. Rückstellungen + VSt **an** Bank + periodenfr. Ertrag

Aufgabe **93**	⇨ ***vom GVF zum BS!***
	⇨ Lösung S. 120; ⇨ Hintergrund: Kap. D 5

① Eine Ihrer Maschinen wird im alten Jahr defekt; der Kostenvoranschlag beläuft sich auf 2.000 €.
② Im Januar wird die Reparatur durchgeführt; die ER lautet über 2.100 € netto; buchen Sie den Rechnungsausgleich!
③ Statt dessen kostet die Reparatur nur 1.800 € netto.

④ Die Honorarrechnung Ihres Steuerberaters fürs Abschlussjahr liegt zum 31. Dez. noch nicht vor. Buchung?

⑤ Die ER eines Trainers liegt noch nicht vor; Sie hatten ein Wochenhonorar von 4.000 € vereinbart.

⑥ Im neuen Jahr schickt der Trainer die ER inkl. 16 % USt.

⑦ Sie hatten am 1. Sept. 128,40 € brutto (!) für ein Jahresabo einer Fachzeitschrift überwiesen. Nennen Sie *alle* Buchungen!

Aufgabe 94	⇨ ***vom GVF zum BS! Kontenabschluss!***
	⇨ Lösung S. 121; ⇨ Hintergrund: Kap. D 5

Zum 31.12. haben Sie den Auszug einer Saldenbilanz vorliegen, zu der Sie noch folgende GVF berücksichtigen müssen:

① In den Mietaufwendungen ist die Januarmiete mit 2.100 € enthalten, die bereits überwiesen wurde.

② Für ein gewährtes Darlehen sind am 01.03. die Halbjahreszinsen von 1.200 € fällig.

③ Für den Dezember stehen unserem Handelsvertreter noch Provisionen zu, netto 4.000 €

④ Wir stellen fest, dass eine Forderung über 2.000 € zzgl. 16% USt verjährt ist; der Kunde verweigert die Zahlung.

⑤ Wir hatten am 01.07. ein Darlehen über 50.000 € mit 3 Jahren Laufzeit aufgenommen. Das Disagio betrug 6%; wir hatten es zunächst in voller Höhe über ARA gebucht.

⑥ Am 01.11. hatten wir den Jahresbetrag für ein Zeitschriftenabo in Höhe von 83,46 € überweisen (!).

⑦ Wir erfahren, dass unser Kunde Beyer insolvent wurde und rechnen mit einem Ausfall von 60%; unsere Forderung: 3.000 € zzgl. USt

⑧ Am 17.12. erhielten und buchten wir die ER für eine Maschine über 4.000 $ (Kurs: 0,95 €/$); zum 31.12. beträgt der Kurs 0,91 €/$ (!).

⑨ Einen PKW haben wir bereits 2 Jahre degressiv (indirekt) abgeschrieben; ND = 6 Jahre; wir wechseln zur linearen AfA über.

⑩ Für Reparaturen, die erst im Januar durchgeführt werden, bilden wir eine Rückstellung; Kostenvoranschlag: 2.000 € netto.

Saldenbilanz ⇨ s. nächste Seite

Konto	Soll	Haben
Fuhrpark	30.000	–
Forderungen	30.160	–
Darlehensforderungen	30.000	–
ARA	3.000	–
WB auf Fuhrpark	–	10.800
Darlehensschulden	–	50.000
Verbindlichkeiten	–	37.000
Vertriebsprovisionen	19.500	–
Mietaufwendungen	27.300	–
Zeitschriftenaufwand	320	–
Zinserträge	–	600

Buchen Sie die GVF und schließen Sie die Konten ab.

14 Jahresabschlussarbeiten

Aufgabe 95	⇨ *vom GVF zum BS! Kontenbschluss!*
	⇨ *Lösung S. 123;* ⇨ *Hintergrund: Kap. D 6*

Wieder haben Sie den Auszug einer Saldenbilanz vorliegen (siehe nächste Seite).

Zum 31.12. ist zu berücksichtigen:

① Der Inhaber entnimmt einen PC für private Zwecke, Buchwert und Marktwert = 1.000 €

② Abschreibung der Maschinen: noch 7 Jahre linear

③ Abschreibung der BGA: 20% degressiv

④ Am 27.12. hatten wir eine Rohstofflieferung über 8.000 € erhalten (Kurs: 0,90 €/$); am 31.12. beträgt der Kurs 0,95 €/$

⑤ Die Dezembermiete wurde noch nicht überwiesen, 2.000 €

⑥ Am 30.12. verkauften wir Fertige Erzeugnisse; die Rechnung über 6.000 € wird erst am 03.01. geschrieben

⑦ Die Inventurbestände sind eingetragen („SBK"). Schließen Sie alle Konten ab – inkl. GuV und EK!

Konto	Soll		Haben	
Maschinen	AB	70.000		
BGA	AB	41.000		
Rohstoffvorrat	(Saldo)	42.000	SBK	6.400
Unfertige Erzeugnisse	AB	10.500	SBK	12.600
Fertigerzeugnisse	AB	18.000	SBK	17.800
Hilfsstoffvorrat	(Saldo)	17.200	SBK	2.100
Vorsteuer	(Saldo)	1.100		
Bank	(Saldo)	27.000		
Eigenkapital			AB	88.900
Privatentnahmen	(Saldo)	13.000		
Verbindlichkeiten			(Saldo)	61.100
Umsatzsteuer			(Saldo)	3.900
Rohstoffaufwand	(Saldo)	22.200		
Mietaufwendungen	(Saldo)	41.000		
Personalkosten	(Saldo)	90.800		
Umsatzerlöse			(Saldo)	244.200
Erlösberichtigungen	(Saldo)	4.300		

Aufgabe 96

⇨ *vom BS zum GVF!*

⇨ *Lösung S. 125;* ⇨ *Hintergrund: Kap. D 6*

① Warenvorrat **an** Warenaufwand

② Abschreibungen auf Forderungen **an** PWB

③ Zinsertrag **an** PRA

④ SBK **an** Vorsteuer

⑤ Werbung **an** Rückstellungen

⑥ Werbung **an** Sonstige Verbindlichkeiten

⑦ Eigenkapital **an** SBK

⑧ UWA **an** GuV

⑨ Unfertige Erzeugnisse **an** BV

⑩ GuV **an** BV

Aufgabe **97**	⇨ ***richtig oder falsch?***
	⇨ *Lösung S. 125;* ⇨ *Hintergrund: Kap. D 6*

① Rohstoffe **an** Nachlässe für Rohstoffe
② Leasingaufwand **an** ARA
③ ARA **an** Leasingaufwand
④ Pensionsrückstellungen **an** Ertrag aus d. Auflösung von RüSt
⑤ Sonst. Forderungen **an** Umsatzerlöse + USt
⑥ PRA **an** SBK
⑦ SBK **an** Hilfsstoffaufwand
⑧ EK **an** Privatentnahmen
⑨ SBK **an** Wertberichtigungen auf Sachanlagen
⑩ PWB + USt **an** Forderungen

Aufgabe **98**	⇨ ***vom GVF zum BS!***
	⇨ *Lösung S. 126;* ⇨ *Hintergrund: Kap. D 6*

Nehmen Sie die Daten und GVF von Aufgabe 95 und buchen Sie sie in der Betriebsübersicht. Beginnen Sie mit der Saldenbilanz I und tragen Sie dort die angegebenen Salden ein. Anschließend buchen Sie die GVF, Abschlüsse der Unterkonten und sonstigen Umbuchungen in der gleichnamigen Spalte... und ermitteln den Erfolg!

Aufgabe **99**	⇨ ***vom GVF zum BS!***
	⇨ *Lösung S. 129;* ⇨ *Hintergrund: Kap. D 6*

① Vollabschreibung von GWG
② Abschluss des Unterkontos „Bezugskosten für Rohstoffe“
③ Abschluss des Unterkontos „Erlösberichtigungen“
④ Für ein von uns aufgenommenes Darlehen sind am 01.02. die Vierteljahreszinsen (Quartal Nov.-Jan) fällig, 6.000
⑤ Wir buchen die Gewinnanteile der beiden Vollhafter Maier und Müller
⑥ Wir buchen den Gewinnanteil unseres Kommanditisten, bezahlen ihn aber erst später

⑦ Vom Gewinn einer Kapitalgesellschaft wird die Körperschaftsteuer überwiesen

⑧ Ein Teil des versteuerten Gewinnes wird in die Rücklagen eingestellt

⑨ Der Restgewinn wird als Bilanzgewinn ausgewiesen

⑩ Da der Jahresüberschuss nicht für eine gewünschte Gewinnausschüttung ausreicht, wird zusätzlich ein Teil der Gewinnrücklagen aufgelöst

Aufgabe **100**	⇨ ***Antwort?***
	⇨ *Lösung S. 129;* ⇨ *Hintergrund: Kap. D 6*

An einer KG sind die zwei Vollhafter König und Kaiser sowie der Kommanditist Bauer beteiligt; ihre Einlagen betragen:
König = 40.000 €, Kaiser = 60.000 €, Bauer = 100.000 €.

Die Privatentnahmen betrugen 27.000 € (König) bzw. 41.000 € (Kaiser).

Vom Gewinn von 120.000 € ist zunächst das Kapital mit 6% zu verzinsen.

Die Vollhafter erhalten dann jeweils einen Arbeitsanteil von 40.000 €. Der verbleibende Rest ist im Verhältnis 3 : 3 : 1 aufzuteilen.

a) Erstellen Sie die Gewinnverwendungstabelle und buchen Sie.
b) Wie hieße die Buchung bzgl. Bauer, wenn dieser von seiner Einlage erst 196.000 € eingebracht hätte (Legen Sie trotzdem den gleichen ihm zustehenden Gesamtgewinn zugrunde)?

C Crashkurs

Nachfolgend bekommen Sie das Intensiv-Paket der Buchführung – **die 200 wichtigsten Geschäftsvorfälle bzw. Buchungssätze**.

Benutzen Sie diese *wie ein Vokabelheft*: Halten Sie die rechte Hälfte zu, wenn Sie vom GVF aus den BS formulieren wollen und halten Sie die linke Seite zu, wenn Sie vom BS auf den GVF schließen wollen. Vielleicht notieren Sie sich jene Nummern, die Ihnen noch Schwierigkeiten bereiten und wiederholen diese besonders oft.
Oder Sie lassen sich regelrecht abfragen – von Ihrem Partner, einem Freund oder jemandem, der sich ebenfalls Buchführung „'reinziehen" will (oder muss).
Wie Sie auch vorgehen – wiederholen Sie die Fälle immer wieder, bis Sie sie absolut sicher beherrschen...

Für den Crashkurs sollten Sie schon ziemlich fit sein! Selbstredend wird darin immer die Vor- bzw. Umsatzsteuer berücksichtigt, falls es sich um eine steuerpflichtige Lieferung oder Leistung handelt.
Anfängern empfehlen wir: Lassen Sie vorerst die Finger vom Crashkurs; der würde Sie zunächst nur verwirren...

Noch ein Wort: Natürlich sind die Fälle manchmal mehrdeutig: Der GVF „Zielkauf eines PC" ist klar – daraus ergibt sich der Buchungssatz „BGA + VSt **an** Verb.". Umgekehrt lässt dieser BS keine eindeutige Antwort zu; es könnte sich durchaus um einen Kauf eines PC, einer Kasse oder von Möbeln handeln (alles BGA). Also nicht kleinlich sein, wenn in der Auflösung vielleicht etwas Anderes steht...

Haben Sie ein Blatt Papier oder ein Lesezeichen bereit, damit Sie eine Hälfte abdecken können? Ja? Gut, dann starten wir!

Geschäftsvorfall	Nr.	Buchungssatz
Zielkauf eines LKW	1	Fuhrpark + VSt **an** Verbindl.
Unser Mieter überweist	2	Bank **an** Mieterträge
Bareinzahlung aufs Bankkonto	3	Bank **an** Kasse
Eine Forderung wird zweifelhaft	4	Zweifelh. Ford. **an** Ford.
Kunde überweist AR	5	Bank **an** Ford.
Im Vorjahr vereinnahmte Miete: Eröffnungsbuchung zum 01.01.	6	(EBK **an** PRA) PRA **an** Mietertrag
Wir gewähren dem Kunden einen Nachlass wegen Mängelrüge	7	Erlösbericht. + USt **an** Ford.
Aufnahme eines Darlehens (ohne Disagio)	8	Bank **an** Darlehen
Überweisung der einbehaltenen Lohn- & Kirchensteuer und des Solidaritätszuschlags ans FA	9	FA-Verb. **an** Bank
Abschluss der Privateinlagen	10	Privateinlagen **an** EK
Abschreibung eines PKW (direkte Abschreibung)	11	Abschreib. **an** Fuhr-park
Wir stellen ein Regal fürs Lager her	12	BGA **an** Aktiv. Eigenlei-stung
Verkauf von Waren, teils gegen bar, teils auf Ziel	13	Kasse + Ford. **an** UE + USt
Überweisung der Unfallversiche-rung an die Berufsgenossenschaft	14	Beiträge zur BG **an** Bank

Buchung eines vorher abgegrenzten Zinsaufwands zum 01.01.	15	Zinsaufw. **an** ARA
Anzahlung eines Kunden per Scheck	16	Bank (oder Schecks) **an** Kundenanz. + USt
Unser Mieter hat zum 31.12. die Miete schon überwiesen	17	Mietertrag **an** PRA
Kauf von Rohstoffen, für die bereits eine Anzahlung erfolgte; über den Rest akzeptieren wir einen Wechsel	18	Rohstoffe + VSt **an** Geleistete Anzahl. + Schuldwechsel
Ein Vorsteuerüberhang wird aktiviert (über SBK abgeschlossen)	19	SBK **an** Vorsteuer
Abschreibung eines GWG	20	Abschreib. auf GWG **an** GWG
Fürs Folgejahr gezahlter Leasingbetrag: Abgrenzung zum 31.12.	21	ARA **an** Leasingaufw.
Barkauf von Briefmarken	22	Postgebühren **an** Kasse
Sacheinlage des Inhabers (z.B. PC, Möbel und dgl.)	23	BGA **an** Eigenkapital
Abschluss des Kontos „Zinserträge“	24	Zinserträge **an** GuV
ER für Reparaturen	25	Fremdinstandhaltung + VSt **an** Verb.
Das Bank-Konto wird zum 01.01. mit dem AB eröffnet; wir sind „im Minus“	26	EBK **an** Bank(schulden)
Tilgung bzw. Rückzahlung eines Darlehens	27	Darlehen **an** Bank
Überweisung der ER	28	Verb. **an** Bank

Abschluss des Bankkontos; wir sind „im Minus“	29	Bank(verb.) **an** SBK
Anmeldegebühr für PKW wird bar bezahlt	30	Fuhrpark **an** Kasse
Buchung des Arbeitgeberanteils zur Sozialversicherung	31	AG-Anteil **an** SV-Verb.
ER des Spediteurs für Transport zum Kunden	32	Ausgangsfrachten + VSt **an** Verb.
Unser Darlehensnehmer zahlt Zins und Tilgung	33	Bank **an** Darlehens-ford. + Zinsertrag
Rückzahlung einer Anleihe abzgl. der Bankspesen	34	Anleihen + Kosten d. GV **an** Bank
Barkauf von Taschenrechnern (je 15 €)	35	Büromaterial + VSt **an** Kasse
Wir diskontieren einen Wechsel bei der Bank	36	Bank + Kosten d. GV + Zinsaufw. **an** Besitzwechsel
Barverkauf von Waren bzw. Erzeugnissen	37	Kasse **an** Umsatzerlöse + USt
Abschluss von „Versicherungen“	38	GuV **an** Versicherungen
Inhaber entnimmt Gegenstände / nutzt Leistungen für private Zwecke	39	Privatentnahmen **an** UWA + USt
Gutschriftanzeige unsres RS-Lieferanten für einen Bonus; wir haben keine ER offen	40	Ford. an Lieferer **an** NL f. RS + VSt
Barabhebung vom Bankkonto	41	Kasse **an** Bank

Wir geben einen alten PKW in Zahlung	42	Verb. **an** Erlös aus Anlagenabg. + USt
Verbrauch von Verpackungsmaterial	43	Verpackungsmaterial-aufw. **an** Verpackungsmaterial
ER für Waren und in Rechnung gestellte Frachtkosten	44	Warenaufw. + Bezugs-kosten f. Waren + VSt **an** Verb.
Wir bekommen eine Provision überwiesen	45	Bank **an** Provisionser-trag + USt
Zum 31.12. wird der Teil der (schon bezahlten) Versicherungs-prämie abgegrenzt, der fürs Folge-jahr ist	46	ARA **an** Versicherungen
Überweisung der ER für z.B. eine Reparatur, für die wir eine (zu nied-rige) Rückstellung gebildet hatten	47	Sonst. RüSt + VSt + Periodenfr. Aufw. **an** Bank
Überweisung der ER für Waren unter Abzug von Skonto	48	Verb. **an** Nachlässe f. Waren + VSt + Bank
Abschluss der Bestandsveränderun-gen; insgesamt liegt eine Bestands-erhöhung vor	49	BV **an** GuV
Kunde überweist unter Abzug von Skonto	50	Bank + Erlösbericht. + USt **an** Ford.
Darlehensaufnahme mit Disagio (Buchung über ARA)	51	Bank + ARA **an** Darlehen
ER der Spedition für die Anliefe-rung von Waren	52	Bezugskosten f. Waren + VSt **an** Verb.

Umbuchung eines GWG, das vorher auf BGA erfasst worden war	53	GWG **an** BGA
Dezembermiete wurde bis 31.12. von uns noch nicht überwiesen	54	Mietaufw. **an** Sonst. Verb.
Überweisung der Einkommen- und der Gewerbesteuer	55	Gewerbesteuer + Privatentnahmen **an** Bank
Kauf von Waren; wir geben einen Besitzwechsel weiter	56	Warenaufw. + VSt **an** Besitzwechsel
Wir hatten einen PKW über Buchwert verkauft; wir buchen nun den Erfolg und korrigieren das Anlagekonto	57	Erlös aus Anlagenabg. **an** Fuhrpark + Ertrag aus Anlagenabgang
Überweisung der Gewerbesteuer fürs Vorjahr, für die eine zu hohe Rückstellung gebildet war	58	Steuerrückstellungen **an** Bank + periodenfremder Ertrag
Passivierung der Zahllast	59	Umsatzsteuer **an** SBK
ER der Druckerei für Werbeprospekte	60	Werbung + VSt **an** Verb.
Ein Gebäude ist fertiggestellt; wir aktivieren es	61	Gebäude **an** Anlagen im Bau
Wir leisten eine Anzahlung per Scheck	62	Geleistete Anzahl. + VSt **an** Bank
Lohnbuchung; dem Mitarbeiter wird außerdem für die Nutzung der Werkswohnung ein Teil einbehalten	63	Lohn **an** FA-Verb. + SV-Verb. + Bank + Mietertrag
Indirekte Abschreibung von BGA	64	Abschreib. **an** WB auf BGA (bzw. Sachanlagen)

Bezahlung einer ER für Möbel abzgl. Skonto	65	Verb. **an** BGA + VSt + Bank
Eröffnungsbuchung zum 01.01 für im Vorjahr abgegrenzte und im Voraus bezahlte Versicherungen	66	Versicherungen **an** ARA
Zielkauf einer Maschine	67	Maschinen + VSt **an** Verb.
Darlehensaufnahme mit Disagio (Buchung als Zinsaufwand)	68	Bank + Zinsaufw. **an** Darlehen
ER eines Handwerkers beim Bau eines Gebäudes	69	Anlagen im Bau + VSt **an** Verb.
Das Konto „Rohstoffvorrat" wird zum 01.01. mit dem AB eröffnet	70	Rohstoffe **an** EBK
Wertaufholung für früher außerplanmäßig abgeschriebenen WP des AV (Kurs ist wieder gestiegen)	71	Wertpapiere des AV **an** Zuschreibungen
In der Kasse ist lt. Inventur zuviel	72	Kasse **an** Erträge aus Abrechnungsdifferenzen
Verkauf von Waren / Erzeugnissen gegen Wechsel	73	Besitzwechsel **an** Umsatzerlöse + USt
Wir zahlen einen Barvorschuss	74	Ford. an Mitarbeiter **an** Kasse
Telefonrechnung wird abgebucht	75	Postgebühren + VSt **an** Bank
Abschluss des Kontos „Ausgangsfrachten"	76	GuV **an** Ausgangsfrachten

Wir legen bei Fälligkeit einen Besitzwechsel vor und erhalten den Betrag in bar	77	Kasse **an** Besitzwechsel
Bankgutschrift für Zinsen	78	Bank **an** Zinserträge
Durch einen Brand wird eine Maschine zerstört	79	außerplanmäß. Abschr. **an** Maschinen
Klassische Gehaltsbuchung	80	Gehalt **an** FA-Verb. + SV-Verb. + Bank
Überweisung der ER für einen LKW abzgl. Skonto	81	Verb. **an** Fuhrpark + VSt + Bank
Ein Mitarbeiter hat aus diesem Jahr Ansprüche auf betriebliche Altersversorgung	82	Sonst. Gehaltskosten **an** Pensions-RüSt
Die Jahressteuer für PKW wird zum 31.12. abgegrenzt; ein Teil ist fürs Folgejahr	83	Kfz-Steuer **an** ARA
Überweisung vom Postbank- aufs Bankkonto	84	Bank **an** Postbank
Zielverkauf von Waren, die Anzahlung wird verrechnet	85	Kundenanzahl. + Ford. **an** UE + USt
Mehrbestand v. Fertigerzeugnissen	86	Fertigerzeugnisse **an** BV
Der Grund für eine frühere außerplanmäßige Abschreibung eines Grundstücks fällt weg; wir buchen die Wertaufholung	87	Grundstücke **an** Zuschreibungen
Abschluss des Kontos „Nachlässe für Rohstoffe“	88	NL für Rohstoffe **an** RS

ER unseres Handelsvertreters über Provisionen	89	Vertriebsprovisionen + VSt **an** Verb.
Abschluss der Privateinnahmen	90	EK **an** Privatentnahmen
Verbrauch von Hilfsstoffen	91	Hilfsstoffaufwand **an** Hilfsstoffe
Wir haben eine gemeinsame Messeaktion durchgeführt; zum 31.12. liegt noch keine Abrechnung vor	92	Werbung **an** RüSt
Abbuchung der Geschäftsmiete	93	Mietaufw. **an** Bank
Wir erhalten Rohstoffe und bezahlen den anliefernden Spediteur bar	94	Bezugskosten für RS + VSt **an** Kasse
Fehlbetrag in der Kasse	95	Aufwand aus Abrechnungsdifferenzen **an** Kasse
Unsere Bank übernahm das Inkasso unseres Wechsels; Gutschrift abzgl. Spesen	96	Bank + Kosten d. GV **an** Besitzwechsel
Abschluss der Umsatzerlöse	97	Umsatzerlöse **an** GuV
Gutschrift, z.B. für im Vorjahr zuviel gezahlte Gewerbesteuer	98	Bank **an** Periodenfr. Ertrag
Zum 31.12. haben wir die Dezemberpacht noch nicht erhalten	99	Sonst. Ford. **an** Mietertrag
Wir überweisen die ER für z.B. eine Reparatur, für die wir eine (zu hohe) Rückstellung gebildet hatten	100	Sonst. RüSt + VSt **an** Bank + Periodenfr. Ertrag
Eine einwandfreie Forderung dieses Jahres fällt *zum Teil* aus, Restzahlung per Bank (wir haben keine PWB gebildet)	101	Abschreib. auf Ford. + USt + Bank **an** Ford.

Lieferer gewährt uns einen Nachlass wegen Mängelrüge für bezogene Waren	102	Verb. **an** Nachlässe f. Waren + VSt
Aufnahme einer Hypothek	103	Bank **an** Hypotheken
Der Inhaber hatte einen PKW privat entnommen (Marktwert > Buchwert); wir buchen den Erfolg und korrigieren das Anlagenkonto	104	UWA **an** Fuhrpark + Ertrag aus Anlagenabgang
Kauf eines PC o.ä. gegen Scheck	105	BGA + VSt **an** Bank
Wir buchen den Warenverbrauch aus dem Lager	106	Warenaufwand **an** Warenvorrat
Das BGA-Konto wird zum 01.01. mit dem AB eröffnet	107	BGA **an** EBK
Inhaber überweist für private Zwecke	108	Privatentnahmen **an** Bank
Wir senden falsch gelieferte Rohstoffe zurück	109	Verb. **an** Rohstoffe + VSt
Eine Teil des Gewinnes wird in die Gewinnrücklagen eingestellt	110	Jahresüberschuss **an** Gewinnrücklagen
Kunde sendet falsche Ware zurück	111	UE + USt **an** Ford.
Abschluss des GuV-Kontos mit Verlust	112	EK **an** GuV
Abschluss der Erlösberichtigungen	113	Umsatzerlöse **an** EB
Verrechnung der Vor- mit der Umsatzsteuer	114	USt **an** VSt
Kunde überweist unter Abzug von Skonto	115	Erlösbericht. + USt + Bank **an** Ford.

Verbrauch von Fremdbauteilen (Industrie)	116	FBT-Aufw. **an** Fremdbauteile
Grundstückskauf; Aufnahme einer Hypothek zugunsten des Verkäufers	117	Grundstücke **an** Hypotheken
Das Verfahren einer zweifelhaften Forderung ist abgeschlossen, unser vermuteter Ausfall war zu niedrig angesetzt; Rest per Bank	118	Bank + EWB + Periodenfr. Aufw. + USt **an** Zweifelh. Ford.
Zielkauf von Rohstoffen	119	Rohstoffvorrat + VSt **an** Verb.
Gutschriftanzeige für einen Bonus an unseren Kunden	120	Erlösbericht. + USt **an** Verb. gegenüber Kunden
Abschluss des Kontos „Bezugskosten für Rohstoffe"	121	Rohstoffe **an** Bezugskosten f. RS
Kauf von Möbeln o.ä.; wir geben einen unserer Besitzwechsel weiter	122	BGA+ VSt **an** Besitzwechsel
Abschluss des Kontos „EWB"	123	EWB **an** SBK
Ausfall einer einwandfreien Forderung; Verrechnung mit der vorsorglich gebildeten PWB	124	PWB + USt **an** Ford.
ER für Reinigungsmaterial (oder Reinigungsdienste)	125	Reinigungsaufw. + VSt **an** Bank
Am Verfalltag begleichen wir einen vorgelegten Wechsel in bar	126	Schuldwechsel **an** Kasse
Eine einwandfreie Forderung dieses Jahres fällt *komplett* aus (wir haben keine PWB gebildet)	127	Abschreib. auf Ford. + USt **an** Ford.

Wir überweisen ER für Rohstoffe abzgl. Skonto	128	Verb. **an** Nachlässe für RS + VSt + Bank
Bankgutschrift abzgl. Spesen für die Ausgabe von Schuldverschreibungen	129	Bank + ARA **an** Anleihen
Wir hatten einen indirekt abgeschriebenen PKW über Buchwert verkauft, buchen den Erfolg und korrigieren die restlichen Konten	130	WB auf Sachanlagen **an** Fuhrpark + Ertrag aus Anlagenabgang
Barkauf einer Fachzeitschrift	131	Büromaterial (oder Zeitschriftenaufw.) + VSt (7%!) **an** Bank
Die Vernichtung von Hilfsstoffen wird gebucht	132	Verlust aus Schadensfällen **an** Hilfsstoffe
Kauf von Waren; Lieferer zieht auf uns einen Wechsel	133	Warenaufw. + VSt **an** Schuldwechsel
ER einer Unternehmensberatung steht noch aus (Höhe ist bekannt)	134	Rechts- & Berat.kosten **an** Sonst. Verb.
Minderbestand von Fertigerzeugnissen	135	BV **an** Fertigerzeugnisse
Überweisung der ER für eine Maschine abzgl. Skonto	136	Verb. **an** Maschinen + VSt + Bank
Kauf von (kurzfristig gehaltenen) Aktien o.ä.	137	Wertpapiere des UV **an** Bank
Wir überweisen Zins und Tilgung eines Darlehens	138	Darlehen + Zinsaufw. **an** Bank
Weitergabe eines Wechsels an unseren Lieferanten	139	Verb. **an** Besitzwechsel

Ein fürs Folgejahr bezahlter Zins wird zum 31.12. abgegrenzt	140	ARA **an** Zinsaufw.
Das Konto „Verbindl." wird zum 01.01. mit dem AB eröffnet	141	EBK **an** Verb.
Wechselziehung auf unseren Kunden	142	Besitzwechsel **an** Ford.
Abschluss des Kontos „Büromaterial"	143	GuV **an** Büromaterial
ER des Immobilienmaklers o.ä.	144	Grundstücke + VSt **an** Verb.
Zielverkauf von Produkten; wir stellen gesondert Frachtkosten in Rechnung	145	Ford. **an** UE + Sonst. UE + USt
Die Telefonrechnung für den Dez. steht zum 31.12. noch aus	146	Postgebühren **an** Sonst. Verb.
Wir senden falsche Ware zurück an den Lieferer	147	Verb. **an** Warenaufw. + VSt
Abschluss des Kontos „Sonstige Rückstellungen"	148	Sonst. RüSt **an** SBK
Für eine bestimmte, zweifelhafte Forderung rechnen wir zum 31.12. mit einem gewissen Ausfall	149	Abschreib. auf Ford. **an** EWB
Erhalt einer Diskontrechnung	150	Diskontaufw. **an** Verb.
Verbrauch von Rohstoffen	151	RS-Aufw. **an** RS-Vorrat
Rücksendung von falschem Büromaterial (oder Nachlass wegen Mängelrüge)	152	Verb. **an** Büromaterial + VSt

Einreichung von Schecks bei der Bank	153	Bank **an** Schecks
Abbuchung der Stromrechnung	154	Betriebsstoffaufw. + VSt **an** Bank
Leasingrate wird überwiesen	155	Leasingaufw. + VSt **an** Bank
Inventurbestand der Fertigen Erzeugnisse wird gebucht	156	SBK **an** Fertigerzeugnisse
Warenzugänge wurden als Aufwand gebucht, aber nicht alle verbraucht	157	Warenvorrat **an** Warenaufw.
Überweisung der Grundsteuer o.ä.	158	Betriebsteuern **an** Bank
Der Steuerberater muss für die Abschlussarbeiten noch bezahlt werden	159	Rechts- & Berat.kosten **an** Sonst. RüSt
Der Heizölverbrauch wird gebucht	160	Betriebsstoffaufw. **an** Betriebsstoffvorrat
Abschluss des Diskontertrags	161	Diskontertrag **an** GuV
Begleichen eines Schuldwechsels per Bank; diese berechnet dafür Spesen	162	Schuldwechsel + Kosten d. GV **an** Bank
Lieferer gewährt uns einen Nachlass wegen Mängelrüge für bezogene Rohstoffe	163	Verb. **an** NL für Rohstoffe + VSt
Gewerbesteuer fürs Vorjahr wird überwiesen; die gebildete Rückstellung war zu niedrig	164	Steuerrückstellungen + periodenfr. Aufw. **an** Bank
Aus einer bereits abgeschriebenen Forderung erhalten wir doch noch eine Zahlung	165	Bank **an** Periodenfr. Ertrag + USt

Kunde leistet Anzahlung per Wechsel	166	Besitzwechsel **an** Kundenanz. + USt
Zielverkauf von Waren bzw. von eigenen Produkten	167	Ford. **an** Umsatzerlöse + USt
Bankgutschrift für Dividende o.ä.	168	Bank **an** Erträge aus Beteiligungen & Wertpapieren
Abschluss der Bestandsveränderungen; insgesamt liegt ein Minderbestand vor	169	GuV **an** BV
Bareinlage des Inhabers	170	Kasse **an** Privateinlagen
Kunde leistet eine Anzahlungen in bar	171	Kasse **an** Kundenanz. + USt
Das Verfahren einer zweifelhaften Forderung ist abgeschlossen, unser vermuteter Ausfall war zu hoch angesetzt; Rest per Bank	172	Bank + EWB + USt **an** Zweifelh. Ford. + Periodenfr. Ertrag
Lieferer gewährt uns einen Nachlass wegen Mängelrüge für bezogene Maschine	173	Verb. **an** Maschinen + VSt
Abschluss des Kontos „Wertberichtigungen auf Sachanlagen“	174	WB auf Sachanlagen **an** SBK
Versand der Diskontrechnung an den Schuldner	175	Ford. **an** Diskontertrag (+ evtl. USt)
„Nachlässe für Waren“ werden abgeschlossen	176	NL f. Waren **an** Warenaufw.
Wir haben Plakate bekommen, aber dafür noch keine ER; zum 31.12. grenzen wir ab	177	Werbung **an** Sonst. Verb.

Zum 31.12. liegt der Kostenvoranschlag für eine noch durchzuführende Reparatur vor	178	Fremdinstandhaltung **an** Sonst. RüSt
Für unsere einwandfreien Forderungen rechnen wir zum 31.12. mit einem gewissen Ausfall und bilden (erstmals) eine Wertberichtigung	179	Abschreib. auf Ford. **an** PWB
Abschluss des Kontos „Abschreibungen“	180	GuV **an** Abschreib.
Kauf einer Maschine; der Lieferer zieht auf uns einen Wechsel	181	Maschinen + VSt **an** Schuldwechsel
Überweisung der Zahllast	182	Umsatzsteuer **an** Bank
Zum 31.12. steht die ER unseres Handelsvertreters noch aus	183	Vertriebsprovisionen **an** Sonst. Verb.
Überweisung der ER für Büromaterial abzgl. Skonto	184	Verb. **an** Büromaterial + VSt + Bank
Buchung eines im Vorjahr abgegrenzten Mietaufwands zum 01.01.	185	Mietaufw. **an** ARA
Barzahlung einer Beihilfe o.ä.	186	Sonst. Gehaltskosten **an** Kasse
Verkauf von Waren gegen Kreditkarte; Bankgutschrift der Kreditkartenfirma abzgl. deren Provision	187	Bank + Vertriebsprov. + VSt **an** UE + USt
Wir hatten eine Maschine unter Buchwert verkauft; wir buchen nun den Erfolg und korrigieren das Anlagekonto	188	Erlös aus Anlagenabg. + Verlust aus Anlagenabgang **an** Maschinen
Auflösung bzw. Herabsetzung einer PWB	189	PWB **an** Periodenfr. Ertrag (bzw. Ertr. a. d. Herabsetzung v. PWB)

Unser Darlehensnehmer zahlt Zinsen erst nachträglich im Folgejahr; Buchung zum 31.12.	190	Sonst. Ford. **an** Zinsertrag
Körperschaftsteuer o.ä. wird überwiesen	191	Steuern vom Einkommen & Ertrag **an** Bank
Überweisung der Versicherungsprämie vom Postbankkonto	192	Versicherungen **an** Postbank
Das EK-Konto wird zum 01.01. mit dem AB eröffnet	193	EBK **an** EK
Abschluss des GuV-Kontos mit Gewinn	194	GuV **an** EK
Die Stromrechnung für den Dez. steht zum 31.12. noch aus	195	Stromkosten (oder Betriebsstoffaufw.) **an** Sonst. Verb.
Abschluss von UWA	196	UWA **an** GuV
Zielkauf von Rohstoffen bei Just-in-time-Lieferung	197	Rohstoffaufw. + VSt **an** Verb.
Eine KG bucht die Gewinnverwendung; Gutschrift der Gewinnanteile für Voll- und Teilhafter	198	GuV **an** EK + Verb. gegenüber Gesellschaftern
Kunde überweist abzgl. Skonto	199	UE + USt + Bank **an** Ford.
Barkauf von Regalen (je 500 €), Stühlen (je 200 €) und Kopierpapier auf Ziel	200	BGA + GWG + Büromaterial + VSt **an** Verb.

D Lösungen

Lösung 1

① Aus der Buchführung (= Finanzbuchhaltung) + Bilanzierung, der Kostenrechnung (Kosten- und Leistungsrechnung), der Planungsrechnung und der Betriebsstatistik.

② Jeder Kaufmann, also jeder Gewerbetreibende, der ins Handelsregister eingetragen ist; dazu zählen „eingetragene Kaufleute“, die Personengesellschaften OHG und KG sowie die Kapitalgesellschaften GmbH und AG.

③ Zu jeder Buchung wird als Nachweis ein Beleg benötigt; dieser dokumentiert den Geschäftsvorfall, also z.B. den Kauf einer Maschine (Beleg: Eingangsrechnung) oder die Abbuchung der Telefongebühren (Beleg: Bankkontoauszug). Umgekehrt muss auf jeden Beleg zwingend eine Buchung erfolgen.

④ Sie dürfen u.a. nicht mit Bleistift buchen, kein Tipp-Ex verwenden, keine Daten überschreiben und müssen Leerzeilen durch eine „Buchhalternase“ ausfüllen.

⑤ Die Buchführung muss in einer lebenden Sprache erfolgen (also durchaus koreanisch, nicht aber Esperanto); die Bilanz muss in deutscher Sprache erstellt werden. Alle Angaben erfolgen in €.

Lösung 2

① richtig

② richtig

③ beides falsch: Kundenanzahlungen bedeutet, dass unser Kunde bei uns eine Anzahlung geleistet hat, dafür schulden wir ihm noch eine Leistung; also: Schulden.
Meistens nehmen wir Darlehen (z.B. bei der Bank) auf; dann handelt es sich um eine Schuld. Hier aber haben wir ein Darlehen vergeben (z.B. an unseren Mitarbeiter); irgendwann wollen wir unser Geld zurück – das ist eine Art Forderung und damit ein Vermögenswert.

④ richtig; es fehlt noch: außerdem zu Beginn der Unternehmung (bei Kauf oder Gründung) und beim Ende (Verkauf oder Auflösung).

⑤ richtig

⑥ falsch; die Buchinventur (also Inventur anhand der Bücher) erfolgt nur, wenn keine körperliche Inventur möglich ist, also z.B. bei immateriellen Gütern (z.B. Lizenzen), Forderungen und bei allen Schulden.

⑦ falsch; das wäre meist unmöglich; deshalb darf sie im Zeitraum ± 10 Tage um den Stichtag stattfinden.

⑧ richtig; so haben Sie 5 Monate Zeit für die Inventur. Manche Vorräte nehmen Sie z.B. am 15.10. auf, andere am 3.11., den Kassenbestand am 2.1. und die Schulden am 10.1.

⑨ falsch; den Zeitpunkt können Sie frei wählen (z.B. wenn in Ihrem Betrieb wenig gearbeitet wird). Da Sie nicht nur jeden Zugang sondern auch jeden Abgang erfassten („permanent"), müssten Buch- und tatsächlicher Bestand übereinstimmen.

Lösung 3

① richtig

② falsch; die Vermögenswerte werden nach Flüssigkeit geordnet (langfristiges Vermögen zuerst, Zahlungsmittel zuletzt), die Schulden nach ihrer Fristigkeit (also der Kreditdauer; kurzfristige Schulden zuletzt).

③ richtig

④ falsch; BGA nutzen Sie längerfristig, also: Anlagevermögen.

⑤ beides richtig

⑥ richtig

⑦ richtig; Sie könnten die Forderung ggf. sogar weiterverkaufen!

⑧ richtig

⑨ richtig

⑩ falsch; genau umgekehrt: Verbindlichkeiten sind Schulden, in der Bilanz damit Passiva („rechts"); Forderungen hingegen sind Vermögenswerte, die in der Bilanz als Aktiva („links") ausgewiesen werden.

Lösung 4

a) UV (Vorräte)	e) UV	i) AV (Fuhrpark)
b) UV (Vorräte)	f) AV (TA & Masch.)	j) UV (Vorräte)
c) AV	g) UV	k) AV (Maschinen)
d) UV (Kasse)	h) AV (Fuhrpark)	l) AV (Gebäude)

Lösung 5

langfristig: a) und c); kurzfristig: b), d), e) und f)

Lösung 6

Haben Sie die Werte für Geschäftsgebäude und Lagerhaus jeweils in die vorletzte Spalte zu Gebäude eingetragen und dann in der letzten Spalte addiert? Genauso müssen Sie es auch bei den Forderungen und den Verbindlichkeiten machen.
Stimmt Ihr Reinvermögen? Es beträgt 505.000 €.

Inventar der XY-Großhandels-GmbH für den 31. Dez.		
A. Vermögen	T€	T€
I. Anlagevermögen		
1. Grundstücke		150
2. Gebäude: - Geschäftsgebäude	180	
- Lagerhaus	64	244
3. Fuhrpark lt. Verzeichnis		112
4. BGA lt. Verzeichnis		85
II. Umlaufvermögen		
1. Warenvorräte lt. Verzeichnis		213
2. Forderungen a. LL: - an Fa. Adams	17	
- Fa. Kuntz	33	50
3. Kassenbestand		27
4. Bankguthaben		45
Summe des Vermögens		**926**
B. Schulden		
I. Langfristige Schulden		
1. Hypotheken		240
2. Darlehensschulden		72
II. Kurzfristige Schulden		
Verbindlichkeiten a. LL: - Sanitas	65	
- Fa. Seitz	44	109
Summe der Schulden		**421**
C. Reinvermögen		
Vermögen		926
– Schulden		421
= Reinvermögen		**505**

Lösung 7

Was hat sich gegenüber dem Inventar verändert? Vermögen und Schulden stehen nicht mehr untereinander, sondern sich (als Aktiva und Passiv) gegenüber. Das Reinvermögen heißt nunmehr Eigenkapital. Und: es werden nicht mehr einzelne Positionen (z.B. alle verschiedenen Gebäude) aufgeführt, sondern nur jeweils ein gesamter Posten. Und so sieht die richtige Bilanz aus...

Aktiva	**Bilanz zum 31. Dez.**		Passiva
I. Anlagevermögen		**I. Eigenkapital**	505.000
1. Grundstücke	150.000		
2. Gebäude	244.000	**II. Fremdkapital**	
3. Fuhrpark	112.000	1. Hypotheken	240.000
4. BGA	85.000	2. Darlehen	72.000
II. Umlaufvermögen		3. Verbindlichktn.	109.000
1. Warenvorräte	213.000		
2. Forderungen	50.000		
3. Kassenbestand	27.000		
4. Bankguthaben	45.000		
	926.000		926.000

Lösung 8

Aktiva	**Bilanz zum 31. Dez.**		Passiva
I. Anlagevermögen		**I. Eigenkapital**	140.000
1. Gebäude	150.000		
2. TA & Maschinen	90.000	**II. Fremdkapital**	
3. Fuhrpark	36.000	1. Hypotheken	110.000
4. BGA	80.000	2. Darlehen	65.000
II. Umlaufvermögen		3. Verbindlichktn.	58.000
1. Warenvorräte	14.000	4. Bankschulden	15.000
2. Forderungen	9.000		
3. Kassenbestand	3.000		
4. Bankguthaben	6.000		
	388.000		388.000

Lösung 9

GVF-Nr.	Bilanzposten A	A/P	+/–	Bilanzposten B	A/P	+/–	Ver-änd.
①	BGA	A	+	Verbindlichktn.	P	+	AP+
②	Bank	A	+	Fuhrpark	A	–	AT
③	Verbindlichktn.	P	–	Darlehen	P	+	PT
④	Bank	A	+	Kasse	A	–	AT
⑤	Bank	A	+	Forderungen	A	–	AT
⑥	Waren	A	+	Kasse	A	–	AT
⑦	Darlehen	P	–	Bank	A	–	AP–
⑧	Kasse	A	+	Bank	A	–	AT
⑨	Verbindlichktn.	P	–	Postbank	A	–	AP–
⑩	Rohstoffe	A	+	Verbindlichktn.	P	+	AP+

Anmerkung:
Wenn Sie die Bilanzposten in anderer Reihenfolge notiert haben, geht das in Ordnung; später werden Sie sehen, warum in der Lösung bestimmte Posten zuerst genannt werden.

Lösung 10

GVF-Nr.	Bilanzposten A	A/P	+/–	Bilanzposten B	A/P	+/–	Ver-änd.
①	Kasse	A	+	BGA	A	–	AT
②	Fuhrpark	A	+	Verbindlichktn.	P	+	AP+
③	Grundstücke	A	+	Hypotheken	P	+	AP+
④	Kasse	A	+	Bank	A	–	AT
⑤	Kasse	A	+	Kundenanzahl.	P	+	AP+
⑥	Waren	A	+	Geleist. Anzahl.	A	–	AT
⑦	Darlehen	P	–	Bank	A	–	AP–
⑧	Postbank	A	+	Bank	A	–	AT
⑨	Hilfsstoffe	A	+	Verbindlichktn.	P	+	AP+
⑩	Fuhrpark	A	+	Eigenkapital	P	+	AP+

Lösung 11

① Beim Abschluss des Kontos wurde zunächst die wertmäßig stärkere Seite addiert (hier: Soll mit 6.000 €). Dieser Wert wird dann auf die schwächere Seite übertragen (hier: Haben). Davon werden alle Habenbeträge subtrahiert (hier: Summe aus 200 + 3.000 + 100 = 3.300 €). Diese Differenz, der Saldo (von 2.700 €), wird in die leere Zeile als Schlussbestand eingetragen.

② So sehen die beiden Konten nach dem Abschluss aus; der Schlussbestand auf dem Aktivkonto „TA & Maschinen" ergibt sich auf der Habenseite, beim Konto „Verbindlichkeiten" hingegen im Soll.

S	TA & Maschinen		H
AB	**53.000**	Abgang	1.000
Zugang	4.000	***SB***	***56.000***
	57.000		57.000

S	Verbindlichkeiten		H
Abgang	8.000	**AB**	**24.000**
Abgang	6.000	Zugang	6.000
SB	***14.000***		
	30.000		30.000

③ Auf dem Aktivkonto steht zunächst der Anfangsbestand (AB) im Soll – also wie in der Bilanz auf der linken Seite. Ebenfalls im Soll werden die Zugänge (oder Mehrungen) erfasst. Im Haben stehen hingegen die Abgänge (Minderungen) und schließlich der Schlussbestand (SB).

④ Der AB steht beim Passivkonto im Haben (also rechts, wie der Posten auch in der Bilanz aufgeführt wird), ebenso die Zugänge. Die Abgänge und der SB stehen im Soll.

⑤ Zum Geschäftsjahresbeginn wird für jeden Bilanzposten ein eigenes Konto eröffnet. Benötigen Sie während des Geschäftsjahres erstmals ein Konto, dann legen Sie es zu diesem Zeitpunkt an; einen AB gibt es dann nicht.

⑥ Der PKW wird auf dem Aktivkonto Fuhrpark erfasst. Dort stehen die Zugänge im Soll; beim Kauf wird es daher im Soll angesprochen.

Lösung 12

GVF	Konto A	A/ P	+/ –	S/ H	Konto B	A/ P	+/–	S/ H	Ver- änd.
①	BGA	A	+	S	Bank	A	–	H	AT
②	Kasse	A	+	S	BGA	A	–	H	AT
③	Fuhrpark	A	+	S	Verbindl.	P	+	H	AP+
④	Verbindl.	P	–	S	Bank	A	–	H	AP–
⑤	Kasse	A	+	S	Bank	A	–	H	AT
⑥	Bank	A	+	S	Kasse	A	–	H	AT
⑦	Verbindl.	P	–	S	Darlehen	P	+	H	PT

Merken Sie was? Es wurde immer genau ein Soll- und ein Habenkonto angesprochen...

Und jetzt noch einmal im Detail: Was ist jeweils geschehen?

① Regal = Aktivkonto BGA; nimmt zu (S);
Scheck = Aktivkonto Bank; nimmt ab (H);

→ Aktivtausch

② Inneneinrichtung = Aktivkonto BGA; nimmt ab (H):
bar = Aktivkonto Kasse; nimmt zu (S);

→ Aktivtausch

③ Zielkauf = Passivkonto Verbindlichkeiten a. LL; nimmt zu (H);
LKW = Aktivkonto Fuhrpark; nimmt ebenfalls zu (S);

→ Aktiv-Passiv-Mehrung

④ ER = Passivkonto Verbindlichkeiten a. LL; nimmt ab (S);
Überweisung = Aktivkonto Bank; nimmt ebenfalls ab (H);

→ Aktiv-Passiv-Minderung

⑤ Geld abheben = Aktivkonto Kasse; nimmt zu (S);
Bankkonto = Aktivkonto Bank; nimmt ab (H);

→ Aktivtausch

⑥ Geld einzahlen = Aktivkonto Kasse; nimmt ab (H);
Bankkonto = Aktivkonto; nimmt zu (S);

→ Aktivtausch (Umkehrfall zu ⑤)

⑦ Liefererrechnung = Passivkonto Verbindlichktn.; nimmt ab (S);
Darlehen = Passivkonto; nimmt zu (H);

→ Passivtausch

Lösung 13

(zu den Fällen der Aufgabe 9):

GVF	Konto A	A/ P	+/ –	S/ H	Konto B	A/ P	+/–	S/ H	Ver- änd.
①	BGA	A	+	S	Verbindl.	P	+	H	AP+
②	Bank	A	+	S	Fuhrpark	A	–	H	AT
③	Verbindl.	P	–	S	Darlehen	P	+	H	PT
④	Bank	A	+	S	Kasse	A	–	H	AT
⑤	Bank	A	+	S	Forderungen	A	–	H	AT
⑥	Waren	A	+	S	Kasse	A	–	H	AT
⑦	Darlehen	P	–	S	Bank	A	–	H	AP–
⑧	Kasse	A	+	S	Bank	A	–	H	AT
⑨	Verbindl.	P	–	S	Postbank	A	–	H	AP–
⑩	Rohstoffe	A	+	S	Verbindl.	P	+	H	AP+

Lösung 14

(zu den Fällen der Aufgabe 10):

GVF	Konto A	A/ P	+/ –	S/ H	Konto B	A/ P	+/–	S/ H	Ver- änd.
①	Kasse	A	+	S	BGA	A	–	H	AT
②	Fuhrpark	A	+	S	Verbindl.	P	+	H	AP+
③	Grundstücke	A	+	S	Hypotheken	P	+	H	AP+
④	Kasse	A	+	S	Bank	A	–	H	AT
⑤	Kasse	A	+	S	Kundenanz.	P	+	H	AP+
⑥	Waren	A	+	S	Geleist. Anz.	A	–	H	AT
⑦	Darlehen	P	–	S	Bank	A	–	H	AP–
⑧	Postbank	A	+	S	Bank	A	–	H	AT
⑨	Hilfsstoffe	A	+	S	Verbindl.	P	+	H	AP+
⑩	Fuhrpark	A	+	S	Eigenkapital	P	+	H	AP+

Lösung 15

① BGA (S), Kasse (H)
⇨Barkauf eines PC o.ä.

② Verbindl. (S), Darlehen (H)
⇨ Aufnahme eines Darlehens zugunsten eines Lieferanten

③ Fuhrpark (S), Verbindl. (H)
⇨Zielkauf eines PKW

④ Verbindl. (S), Bank (H)
⇨ Überweisung der Eingangsrechnung

⑤ Bank (S), BGA (S)
⇨ Verkauf alter Regale o.ä. gegen Bankscheck

Lösung 16

(zu den Fällen der Aufgabe 9):
① BGA **an** Verbindlichkeiten
② Bank **an** Fuhrpark
③ Verbindlichkeiten **an** Darlehen
④ Bank **an** Kasse
⑤ Bank **an** Forderungen
⑥ Waren **an** Kasse
⑦ Darlehen **an** Bank
⑧ Kasse **an** Bank
⑨ Verbindlichkeiten **an** Postbank
⑩ Rohstoffe **an** Verbindlichkeiten

Lösung 17

(zu den Fällen der Aufgabe 10):
① Kasse **an** BGA
② Fuhrpark **an** Verbindlichkeiten
③ Grundstücke **an** Hypotheken
④ Kasse **an** Bank
⑤ Kasse **an** Kundenanzahlungen
⑥ Waren **an** Geleistete Anzahlungen
⑦ Darlehen **an** Bank
⑧ Postbank **an** Bank
⑨ Hilfsstoffe **an** Verbindlichkeiten
⑩ Fuhrpark **an** Eigenkapital

Lösung 18

(zu den Fällen der Aufgabe 12):
① BGA **an** Bank
② Kasse **an** BGA
③ Fuhrpark **an** Verbindlichkeiten

④ Verbindlichkeiten **an** Bank
⑤ Kasse **an** Bank
⑥ Bank **an** Kasse
⑦ Verbindlichkeiten **an** Darlehen

Lösung 19

① Zielkauf einer Maschine.
② Abhebung vom Bankkonto.
③ Dto., aber unser Bankkonto ist „im Minus".
④ Ein Darlehen wird zugunsten des Lieferanten aufgenommen.
⑤ (Teil-)Rückzahlung eines Darlehen
⑥ Zielkauf von Rohstoffen, wir geben dem Lieferanten einen Scheck.
⑦ Kunde leistet eine Anzahlung per Scheck.
⑧ Abschluss des Passivkontos Bankschulden über SBK.
⑨ Ein Gesellschafter scheidet aus; wir überweisen ihm seine Einlage.

Lösung 20

① richtig: Tilgung eines Darlehens
② richtig: Aufnahme eines Darlehens
③ richtig: Abschluss des EK-Kontos zum 31.12. über SBK
④ richtig: Liefererschuld wird in Darlehensschuld umgewandelt
⑤ falsch (es sei denn, Sie geben Ihrem Lieferanten einen PKW zum Ausgleich Ihrer Verbindlichkeiten)
⑥ falsch: muss umgekehrt heißen (wieso?)
⑦ falsch (Ausnahme: Kunde und Lieferant sind ein und dieselbe Person und Ihr Lieferant leistet eine Anzahlungen, wozu eine offene Verbindlichkeit verrechnet wird)
⑧ richtig: Abschluss des Passivkontos Bankschulden über SBK
⑨ falsch (Ausnahme: Sie betreiben Tauschwirtschaft und bezahlen einen PKW mit Rohstoffen)[1]
⑩ richtig: Abschluss des Aktivkontos Waren über SBK

---

[1] Dazu sollten Sie trotzdem über Verbindlichkeiten zwischenbuchen, also Fpk./Verb. und dann Verb./Rohstoffe. Die Fälle ⑤, ⑦ und ⑨ sollen Ihnen nur die grundsätzliche Systematik zeigen, selbst wenn sie unrealistisch sind.

Lösung 21

(Angaben im Hauptbuch in T €; BS siehe nächste Seite)

S	TA & Maschinen		H
AB	50	③ Ka, Ba	5
⑨ Vb.	20	SBK	65
	70		70

S	Eigenkapital		H
SBK	70	AB	70

S	BGA		H
AB	30	SBK	32
⑦ Kasse	2		
	32		32

S	Hypothek		H
⑧ Bank	8	AB	30
SBK	22		
	30		30

S	Rohstoffe		H
AB	40	④ Ford.	2
① Vb.	4	SBK	42
	44		44

S	Darlehen		H
② Ba.	3	AB	20
SBK	17		
	20		20

S	Forderungen		H
AB	20	⑤ Ka, Ba	5
④ RS	2	SBK	17
	22		22

S	Verbindlichkeiten		H
SBK	84	AB	60
		① RS	4
		⑨ TA	20
	84		84

S	Kasse		H
AB	5	⑥ Bank	3
③ TA	1	⑦ BGA	2
⑤ Ford.	2	SBK	3
	8		8

S	SBK		H
Masch.	65	EK	70
BGA	32	Hyp.	22
RS	42	Darl.	17
Ford.	17	Verb.	84
Kasse	3		
Bank	34		
	193		193

S	Bank		H
AB	35	② Darl.	3
③ TA	4	⑧ Hyp.	8
⑤ Ford.	3	SBK	34
⑥ Kasse	3		
	45		45

Buchungssätze der GVF während des Geschäftsjahres:

① Rohstoffe **an** Verbindlichkeiten 4.000
② Darlehen **an** Bank 3.000
③ Kasse 1.000 + Bank 4.000 **an** TA & Maschinen 5.000
④ Forderungen **an** Rohstoffe 2.000
⑤ Kasse 2.000 + Bank 3.000 **an** Forderungen 5.000
⑥ Bank **an** Kasse 3.000
⑦ BGA **an** Kasse 2.000
⑧ Hypothek **an** Bank 8.000
⑨ TA & Maschinen **an** Verbindlichkeiten 20.000

Abschlussbuchungen:

a) SBK **an** TA & Ma..... 65.000
b) SBK **an** BGA 32.000
c) SBK **an** RS................ 42.000
d) SBK **an** Ford............. 17.000
e) SBK **an** Kasse 3.000
f) SBK **an** Bank 34.000
g) EK **an** SBK 70.000
h) Hyp. **an** SBK............. 22.000
i) Darl. **an** SBK 17.000
j) Verb. **an** SBK 84.000

Lösung 22

① Fuhrpark **an** Verbindlichkeiten 24.000
② Verbindlichkeiten **an** Darlehen 24.000
③ Bank **an** Forderungen 15.000
④ Waren 6.000 **an** Geleist. Anzahlungen 2.000 + Verbindl. 4.000
⑤ Bank **an** BGA 3.000
⑥ Bank **an** Kasse 1.500
⑦ Waren 3.000 **an** Kasse 600 + Verbindlichkeiten 2.400
⑧ Darlehen **an** Bank 2.000
⑨ Fuhrpark 1.100 **an** Kasse 400 + Verbindlichkeiten 700
⑩ Kasse **an** Bank 500

Abschlussbuchungen:

a) SBK **an** Fuhrpark...... 25.100
b) SBK **an** BGA 46.000
c) SBK **an** Waren 61.000
d) SBK **an** Ford.............. 8.000
e) SBK **an** Kasse 2.000
f) SBK **an** Bank 5.000
g) EK **an** SBK 50.000
h) Darl. **an** SBK 42.000
i) Verb.. **an** SBK 55.100

S	**Fuhrpark**		H
① Vb.	24.000	SBK	25.100
⑨ Ka,Vb.	1.100		
	25.100		25.100

S	**BGA**		H
AB	49.000	⑤ Ba.	3.000
		SBK	46.000
	49.000		49.000

S	**Waren**		H
AB	52.000	SBK	61.000
④AnzVb.	6.000		
⑦Ka,Vb.	3.000		
	61.000		61.000

S	**Geleistete Anzahlungen**		H
AB	2.000	④ Wa.	2.000

S	**Forderungen**		H
AB	23.000	③ Ba.	15.000
		SBK	8.000
	23.000		23.000

S	**Kasse**		H
AB	4.000	⑥ Ba.	1.500
⑩ Ba.	500	⑦ Wa.	600
		⑨ Fpk.	400
		SBK	2.000
	4.500		4.500

S	**Eigenkapital**		H
SBK	50.000	AB	50.000

S	**Darlehen**		H
⑧ Ba.	2.000	AB	20.000
SBK	42.000	② Vb.	24.000
	44.000		44.000

S	**Verbindlichkeiten**		H
② Darl.	24.000	AB	48.000
SBK	55.100	① Fpk.	24.000
		④ Wa.	4.000
		⑦ Wa.	2.400
		⑨ Fpk.	700
	79.100		79.100

S	**Bankverbindlichktn.**		H
③ Fo.	15.000	AB	12.000
⑤ BGA	3.000	⑧ Darl.	2.000
⑥ Ka.	1.500	⑩ Ka.	500
		SBK	5.000
	19.500		19.500

S	**SBK**		H
Fpk.	25.100	EK	50.000
BGA	46.000	Darl.	42.000
Waren	61.000	Verb.	55.100
Ford.	8.000		
Bank	5.000		
Kasse	2.000		
	147.100		147.100

Lösung 23

① Gehälter (oder Personalkosten) **an** Bank
② Forderungen a. LL **an** Umsatzerlöse für Waren
③ Stromkosten (oder Energiekosten) **an** Bank
④ Postgebühren **an** Kasse
⑤ Fremdinstandhaltung **an** Verbindlichkeiten a. LL
⑥ Mieterträge **an** GuV
⑦ Bank + Kasse **an** Umsatzerlöse für Waren
⑧ Zinsaufwand + Darlehen **an** Bank
⑨ EK **an** GuV
⑩ SBK **an** Gebäude

Lösung 24

① Unser Darlehensnehmer überweist die fälligen Zinsen
② Zielverkauf von Waren
③ Wir überweisen die Pacht (oder Miete)
④ Barkauf von Schreibbedarf o.ä.
⑤ Überweisung einer ER
⑥ Abschluss des Kontos „BGA"
⑦ Verkauf eines alten PKW gegen Scheck und bar
⑧ LKW-Kauf: Anzahlung in bar und per Scheck, Rest auf Ziel
⑨ Abschluss des GuV-Kontos mit Gewinn
⑩ Abschluss des Kontos Versicherungsaufwand

Lösung 25

① richtig: wir kaufen Briefmarken bar
② falsch: Abschluss-BS muss umgekehrt lauten
③ falsch: durch Reparaturen wird der Wert des Fuhrparks nicht gemindert
④ richtig: Kunde überweist AR
⑤ falsch: Verbindlichkeiten entstehen gegenüber dem Lieferanten, nicht aber durch eine Bankgutschrift
⑥ falsch: Büromaterial ist ein Aufwandskonto und wird über GuV abgeschlossen; BS: GuV **an** Büromaterial
⑦ falsch: wenn unser Mieter überweist, muss es genau umgekehrt heißen
⑧ richtig: Zielkauf von Büromöbel o.ä.
⑨ richtig: Abschluss des Ertragskontos Mieterträge über GuV
⑩ richtig: wir schließen GuV mit Verlust ab

Lösung 26

① richtig: wir buchen den Verbrauch von Hilfsstoffen
② richtig: die Stromrechnung wird abgebucht
③ richtig: Zielverkauf unserer Produkte
④ richtig: wir zahlen Aushilfslohn in bar
⑤ falsch: Abschluss des Ertragskontos Umsatzerlöse muss umgekehrt heißen
⑥ falsch: Abschluss des Aufwandskontos Versicherungen erfolgt über GuV, also: GuV **an** Versicherungen

⑦ richtig: Verkauf, der Kunde hatte einen Teil anbezahlt (wird jetzt verrechnet), Rest in bar
⑧ richtig: der gleiche Fall im Einkauf: wir erhalten Ware, die z.T anbezahlt waren, Rest gegen Scheck
⑨ richtig: wir überweisen Zins und Tilgung eines Darlehens
⑩ richtig: wir nehmen ein Darlehen auf, von dem die Bank vorab einen Teil als Zins einbehält (und uns weniger auszahlt)

Lösung 27

① Kasse **an** Umsatzerlöse
② Bank **an** Zinserträge
③ Provisionsaufwand **an** Verbindlichkeiten
④ Leasing(aufwand) **an** Bank
⑤ GuV **an** Versicherungen
⑥ Bank **an** Erträge aus Beteiligungen und Wertpapieren
⑦ Bank **an** Mieterträge
⑧ Reinigungsaufwand **an** Verbindlichkeiten
⑨ Kfz-Steuer **an** Bank
⑩ Reisekosten **an** Kasse

Lösung 28

Die BS während des Geschäftsjahres lauten:
① Fremdinstandhaltung **an** Verbindlichkeiten 2.500
② Kasse 1.000 + Forderungen 9.000 **an** Umsatzerlöse 10.000
③ Werbekosten **an** Verbindlichkeiten 1.200
④ Postgebühren **an** Kasse 100
⑤ Zinsaufwand 800 + Darlehen 3.000 **an** Bank 3.800
⑥ Bank **an** Forderungen 9.500
⑦ Mietaufwand **an** Bank 2.300
⑧ Kasse **an** Umsatzerlöse 1.400
⑨ BGA 2.000 + Büromaterial 300 **an** Kasse 2.300

⇨ Hauptbuch s. nächste Seite (Angaben in T €)

S	**Fuhrpark**		H
AB	30,0	SBK	30,0

S	**BGA**		H
AB	25,0	SBK	27,0
⑨ Ka.	2,0		
	27,0		27,0

S	**Waren**		H
AB	55,0	SBK	55,0

S	**Forderungen**		H
AB	7,0	⑥ Ba.	9,5
② UE	9,0	SBK	6,5
	16,0		16,0

S	**Kasse**		H
AB	3,0	④ Pogeb.	0,1
② UE	1,0	⑨ BGA,Bü	2,3
⑧ UE	1,4	SBK	3,0
	5,4		5,4

S	**Eigenkapital**		H
SBK	61,2	AB	57,0
		GuV	4,2
	61,2		61,2

S	**Darlehen**		H
⑤ Ba.	3,0	AB	21,0
SBK	18,0		
	21,0		21,0

S	**Verbindlichkeiten**		H
SBK	40,7	AB	37,0
		① Inst.	2,5
		③ Werb.	1,2
	40,7		40,7

S	**Bankverbindlichktn.**		H
⑥ Fo.	9,5	AB	5,0
SBK	1,6	⑤ Da,ZA	3,8
		⑦ MA	2,3
	11,1		11,1

S	**Fremdinst.haltung**		H
① Vb.	2,5	GuV	2,5

S	**Werbung**		H
③ Vb.	1,2	GuV	1,2

S	**Büromaterial**		H
⑨ Ka.	0,3	GuV	0,3

S	**Postgebühren**		H
④ Ka.	0,1	GuV	0,1

S	**Zinsaufwand**		H
⑤ Ba.	0,8	GuV	0,8

S	**Mietaufwand**		H
⑦ Ba.	2,3	GuV	2,3

S	**Umsatzerlöse**		H
GuV	11,4	② Ka,Fo	10,0
		⑧ Ka.	1,4
	11,4		11,4

S	**GuV**		H
Inst.	2,5	UE	11,4
Werb.	1,2		
Büromat.	0,3		
Postgeb.	0,1		
Zinsaufw.	0,8		
Mietaufw.	2,3		
EK	4,2		
	11,4		11,4

S	**SBK**		H
Fpk.	30,0	EK	61,2
BGA	27,0	Darl.	18,0
Waren	55,0	Verb.	40,7
Ford.	6,5	Bank	1,6
Kasse	3,0		
	121,5		121,5

Die Abschlussbuchungssätze der Erfolgskonten ⇨ s. nächste Seite...

a) GuV **an** Fremdinstandhaltung
b) GuV **an** Werbung
c) GuV **an** Büromaterial
d) GuV **an** Postgebühren
e) GuV **an** Zinsaufwand
f) GuV **an** Mietaufwand
g) Umsatzerlöse **an** GuV
h) Beim Abschluss des Kontos GuV ergibt sich ein Gewinn, der über EK gebucht wird: GuV **an** EK

Dann werden alle Bestandskonten abgeschlossen; BS:
i) SBK **an** Fuhrpark
j) SBK **an** BGA
k) SBK **an** Waren
l) SBK **an** Forderungen
m) SBK **an** Kasse
n) EK **an** SBK
o) Darlehen **an** SBK
p) Verbindlichkeiten **an** SBK
q) Bankverbindlichkeiten **an** SBK

Lösung 29

Die BS während des Geschäftsjahres lauten:
① Mietaufwand **an** Bank 3.000
② Bank **an** Kundenanzahlungen 2.000
③ Leasing(aufwand) **an** Bank 1.500
④ Forderungen **an** Umsatzerlöse 5.000
⑤ Postgebühren **an** Bank 1.200
⑥ Forderungen **an** Zinserträge 400
⑦ Fremdinstandhaltung **an** Bank 600
⑧ Kundenanzahl. 2.000 + Ford. 11.000 **an** Umsatzerlöse 13.000
⑨ Beratungskosten **an** Verbindlichkeiten 1.400
⑩ Verb. **an** Provisionsertrag (oder Sonstige Umsatzerlöse) 3.000

S	**Maschinen**		H
AB	80,0	SBK	80,0

S	**Rohstoffe**		H
AB	60,0	SBK	60,0

S	**Forderungen**		H
AB	27,0	SBK	43,4
④ UE	5,0		
⑥ ZinsE	0,4		
⑧ UE	11,0		
	43,4		43,4

S	**Kasse**		H
AB	2,0	SBK	2,0

S	**Bank**		H
AB	21,0	① MA	3,0
② Kanz.	2,0	③ Leas.	1,5
		⑤ Po.geb.	1,2
		⑦ Fr.inst.	0,6
		SBK	16,7
	23,0		23,0

S	**Eigenkapital**		H
SBK	103,7	AB	90,0
		GuV	13,7
	103,7		103,7

S	**Darlehen**		H
SBK	56,0	AB	56,0

S	**Verbindlichkeiten**		H
⑩ Prov.E	3,0	AB	44,0
SBK	42,4	⑨ Berat.	1,4
	45,4		45,4

S	**Kundenanzahlungen**		H
⑧ UE	2,0	② Ba.	2,0

(Angaben in T €)

S	**Mietaufwand**		H
① Ba.	3,0	GuV	3,0

S	**Leasingaufwand**		H
③ Ba.	1,5	GuV	1,5

S	**Fremdinst.haltung**		H
⑦ Ba.	0,6	GuV	0,6

S	**Postgebühren**		H
⑤ Ba.	1,2	GuV	1,2

S	**Beratungskosten**		H
⑨ Vb.	1,4	GuV	1,4

S	**Zinserträge**		H
GuV	0,4	⑥ Fo.	0,4

S	**Provisionserträge**		H
GuV	3,0	⑩ Vb.	3,0

S	**Umsatzerlöse**		H
GuV	18,0	④ Fo.	5,0
		⑧ Anz,Fo	13,0
	18,0		18,0

S	**GuV**		H
Mietaufw.	3,0	UE	18,0
Leasing	1,5	Prov.E	3,0
Fr.inst.	0,6	Zinsertr.	0,4
Postgeb.	1,2		
Beratung	1,4		
EK	13,7		
	21,4		21,4

S	**SBK**		H
Masch.	80,0	EK	103,7
Rohst.	60,0	Darl.	56,0
Ford.	43,4	Verb.	42,4
Bank	16,7		
Kasse	2,0		
	202,1		202,1

Abschlussbuchungen:

a) GuV **an** Mietaufw. 3.000
b) GuV **an** Leasing 1.500
c) GuV **an** Fremdinst. 600
d) GuV **an** Postgeb. 1.200
e) GuV **an** Beratungsk. .. 1.400
f) UE **an** GuV 18.000
g) Prov.erträge **an** GuV .. 3.000
h) ZinsE **an** GuV 400
i) GuV **an** EK 13.700
j) SBK **an** Maschinen .. 80.000
k) SBK **an** Rohstoffe 60.000
l) SBK **an** Ford. 43.400
m) SBK **an** Bank 16.700
n) SBK **an** Kasse 2.000
o) EK **an** SBK 103.700
p) Darlehen **an** SBK 56.000
q) Verb. **an** SBK 42.400

Lösung 30

① richtig: Wir bezahlen eine Reparatur mit Scheck; unsere bisherige Anzahlung wird gleichzeitig verrechnet
② richtig: Unser Darlehensnehmer zahlt Zins und Tilgung
③ falsch: muss umgekehrt lauten (Verbrauch von Rohstoffen lt. Materialentnahmescheinen wird gebucht)
④ richtig: wir tanken unseren PKW gegen bar (o.ä.)
⑤ falsch: Abschlussbuchung muss umgekehrt lauten
⑥ richtig: Verkauf von Waren oder Produkten; der Kunde zahlt einen Teil bar, Rest auf Ziel
⑦ richtig: Abschluss der Provisionserträge über GuV
⑧ falsch: Fremdinstandhaltung ist ein Aufwand und darf nicht mit einer Erhöhung der Maschinen verknüpft werden
⑨ richtig: wir buchen den Verbrauch von Leergut
⑩ richtig: wir überweisen dem Mitarbeiter Lohn abzgl. des Vorschusses, den wir ihm bereits gezahlt hatten

Lösung 31

① richtig: Entnahme aus der Geschäftskasse für private Zwecke
② falsch: die Abschlussbuchung muss lauten: GuV **an** Gehälter
③ falsch: Sacheinlage muss lauten: Fuhrpark **an** Privateinlagen
④ falsch: Abschluss-BS von Privateinlagen muss umgekehrt lauten
⑤ falsch (sogar kompletter Unsinn): Versicherungen sind ein Aufwandskonto und müssen im Soll gebucht werden. Falls damit gemeint wäre, dass der Inhaber seine Versicherung überweist, müsste es heißen: Privatentnahmen **an** Bank; *wofür* er das Geld entnimmt, ist dem Unternehmen egal

⑥ falsch: Abschluss-BS muss lauten: Darlehensschulden **an** SBK

⑦ falsch: muss heißen „Bank **an** Zinserträge", wenn der *Kunde uns* Zinsen überweist, bzw. „Zinsaufwand **an** Bank", falls *wir* unseren Darlehensgeber Zinsen überweisen

⑧ falsch: Abschluss der Privateinlagen muss umgekehrt heißen

⑨ richtig: ER der Druckerei für Werbeplakate

⑩ richtig: Barkauf von Putzmitteln

Lösung 32

	Fall A	Fall B
EK zum 31.12. (SB)	56.000	95.000
– EK zum 01.01. (AB)	48.000	73.000
= EK-Mehrung	8.000	22.000
+ Privatentnahmen	17.000	26.000
– Privateinlagen	5.000	50.000
= Gewinn	20.000	
bzw. Verlust		2.000

Lösung 33

① Abschluss des Ertragskontos Zinsertrag über GuV

② Barkauf von Bürobedarf

③ Wir erhalten die ER für eine Reparatur

④ Abschluss des GuV-Kontos mit Gewinn

⑤ Gesellschafter überführt einen Privat-PKW ins Gesellschaftsvermögen

⑥ Inhaber überweist vom Geschäftskonto für private Zwecke

⑦ Abschluss des Kontos Privateinlagen über EK

⑧ Abschluss des Aufwandskontos Versicherungen über GuV

⑨ Buchung des Verbrauchs von Rohstoffen

⑩ Wir erhalten die ER des Steuerberaters o.ä.

Lösung 34

BS:

① Kasse **an** Privateinlagen 5.000

② Verbindlichkeiten **an** Bank 13.000

③ Kasse **an** Umsatzerlöse 3.600

④ Postgebühren **an** Bank 900
⑤ Zinsaufwand 500 + Darlehen 2.500 **an** Bank 3.000
⑥ Postgebühren **an** Kasse 200
⑦ Fuhrpark **an** Verbindlichkeiten 12.000
⑧ Rohstoffaufwand **an** Rohstoffe 3.000
⑨ Verbindlichkeiten **an** Bank 5.900
⑩ Bank **an** Kasse 2.000

Abschlussbuchungen:
a) GuV **an** Rohstoffaufwand
b) GuV **an** Postgebühren
c) GuV **an** Zinsaufwand
d) Umsatzerlöse **an** GuV
e) EK **an** GuV (⇨ Verlust!)
f) Privateinlagen **an** EK
g) SBK **an** Fuhrpark
h) SBK **an** BGA
i) SBK **an** Rohstoffe
j) SBK **an** Forderungen
k) SBK **an** Kasse
l) EK **an** SBK
m) Darlehen **an** SBK
n) Verbindlichkeiten **an** SBK
o) Bank **an** SBK
(⇨ Bankkonto wurde überzogen, deshalb jetzt Passivkonto)

⇨ Hauptbuch s. nächste Seite (Angaben in T €)

S	Fuhrpark		H
⑦ Vb.	12,0	SBK	12,0

S	BGA		H
AB	33,0	SBK	33,0

S	Rohstoffe		H
AB	26,0	⑧ RSA	3,0
		SBK	23,0
	26,0		26,0

S	Forderungen		H
AB	11,0	SBK	11,0

S	Kasse		H
AB	4,0	⑥ Pogeb.	0,2
① Priv.	5,0	⑩ Ba.	2,0
③ UE	3,6	SBK	10,4
	12,6		12,6

S	Bank		H
AB	16,0	② Vb.	13,0
⑩ Ka	2,0	④ Pogeb.	0,9
SBK	4,8	⑤ ZA,Da.	3,0
		⑨ Vb.	5,9
	22,8		22,8

S	Eigenkapital		H
GuV	1,0	AB	50,0
SBK	54,0	Priv.	5,0
	55,0		55,0

S	Darlehen		H
⑤ Ba.	2,5	AB	18,0
SBK	15,5		
	18,0		18,0

S	Verbindlichkeiten		H
② Ba.	13,0	AB	22,0
⑨ Ba.	5,9	⑦ Fpk.	12,0
SBK	15,1		
	34,0		34,0

S	Privateinlagen		H
EK	5,0	① Ka.	5,0

S	Rohstoffaufwand		H
⑧ RS	3,0	GuV	3,0

S	Postgebühren		H
④ Ba.	0,9	GuV	1,1
⑥ Ka.	0,2		
	1,1		1,1

S	Zinsaufwand		H
⑤ Ba.	0,5	GuV	0,5

S	Umsatzerlöse		H
GuV	3,6	③ Ka.	3,6

S	GuV		H
RSA	3,0	UE	3,6
Postgeb.	1,1	EK	1,0
Zinsaufw.	0,5		
	4,6		4,6

S	SBK		H
Fpk.	12,0	EK	54,0
BGA	33,0	Darl.	15,5
Rohst.	23,0	Verb.	15,1
Ford.	11,0	Bank	4,8
Kasse	10,4		
	89,4		89,4

Lösung 35

① Kl. 3: Hypothekenschulden
② Kl. 6: Betriebsstoffaufwand (oder: Kfz-Kosten)
③ Kl. 2: Forderungen an MA
④ Kl. 0: Anzahlungen auf AV
⑤ Kl. 4: Verb. gegenüber FA
⑥ Kl. 6: Reisekosten
⑦ Kl. 2: Leergutvorrat
⑧ Kl. 4: Kundenanzahlungen
⑨ Kl. 6: Fracht & Fremdlager
⑩ Kl. 5: Sonst. Umsatzerlöse (Provisionsertrag)

Lösung 36

① Wir bekommen Zinsen überwiesen
② Abbuchung des IHK-Beitrags o.ä.
③ Überweisung an die Berufsgenossenschaft (Beiträge zur Unfallversicherung) per Postbank
④ Gesellschafter B leistet eine Sacheinlage (PKW)
⑤ Erhalt der ER über noch zu zahlende Vertriebsprovisionen
⑥ Überweisung der Kfz-Steuer
⑦ Verkauf von Wertpapieren; Bankgutschrift für Verkaufserlös und Kursgewinn
⑧ Barkauf von Putzmitteln
⑨ Kauf eines Grundstücks; die Hypothek wird zugunsten des Verkäufers aufgenommen
⑩ Bankgutschrift für eingereichte Schecks

Lösung 37

① 288 **an** 3001, 5.000
② 440 **an** 280, 13.000
③ 288 **an** 500, 3.600
④ 682 **an** 280, 900
⑤ 751, 500 + 425, 2.500 **an** 280, 3.000
⑥ 862 **an** 288, 200
⑦ 084 **an** 440, 12.000
⑧ 600 **an** 200, 3.000
⑨ 440 **an** 280, 5.900
⑩ 280 **an** 288, 2.000

Lösung 38

Eigenbelege: ①, ③, ④, ⑦, ⑨ und ⑩
Fremdbelege: ②, ⑤, ⑥ und ⑧

Lösung 39

① richtig: Prospektkosten werden bar bezahlt
② falsch: Abschluss des Ertragskontos muss umgekehrt lauten
③ richtig: Privat(entnahmen) an Bank, also der Inhaber überweist für private Zwecke vom Geschäftskonto
④ richtig: ER für Verpackungsmaterial
⑤ richtig: ER für eine Maschine, für die wir bereits eine Anzahlung geleistet hatten
⑥ falsch: Abschluss der Hypothekenschulden muss umgekehrt lauten
⑦ richtig: Überweisung von z.B. dem IHK-Beitrag per Postbank
⑧ richtig: Aufnahme eines Darlehens unter Disagio (d.h., die Bank kürzt den Auszahlungsbetrag um Zinsen)
⑨ richtig: wir belasten einen Kunden mit Verzugszinsen
⑩ falsch (kompletter Unsinn!): Reinigungsaufwand und Wertpapiere haben nichts miteinander zu tun

Lösung 40

① Kauf von Büromöbel und Büromaterial teils gegen Scheck, teils auf Ziel
② Inhaber / Vollhafter leistet eine Sachanlagen (LKW)
③ Wir verkauften über unsere Bank Wertpapiere (des AV); der Gutschriftsbetrag wird um Bankspesen gekürzt
④ Erhalt der ER für Entsorgung
⑤ Abschluss des Aktivkontos „Forderungen"
⑥ Wir hatten einen Brand / Wasserschaden, bei dem Rohstoffe bzw. Waren zerstört wurden, und buchen den Verlust
⑦ Wir bezahlen den Handelsregistereintrag o.ä. bar
⑧ Umsatzerlöse; der Kunde bezahlt teils mit Postbankscheck, teils auf Ziel; außerdem wird seine Anzahlung verrechnet
⑨ Das Ertragskonto „sonst. betr. Erträge" (z.B. aus dem Verkauf von Anlagevermögen) wird über GuV abgeschlossen
⑩ Wir geben einem Mitarbeiter einen Vorschuss in bar

Lösung 41

a) Kontokorrentbuch: erfasst die Debitoren (Kunden; Forderungen) und Kreditoren (Lieferanten; Verbindlichkeiten)
b) Lohn- und Gehaltsbuch: für alle Lohn- und Gehaltsbuchungen
c) Lagerbuch: zur Erfassung aller Lagerveränderungen, z.B. für Waren, Rohstoffe, Hilfsstoffe, Fremdbauteile und (selbst hergestellte) unfertige und fertige Erzeugnisse
d) Anlagenbuch: zur Dokumentation der Veränderungen im AV, u.a. Kauf, Abschreibungen und Verkauf
e) Scheck- und Wechselbuch: für alle Schecks und Wechsel

Außer diesen Nebenbüchern gibt's noch:
f) Grundbuch oder Journal (für uns die Buchungssätze)
g) Hauptbuch (für uns die T-Konten)
h) Inventarbuch

Lösung 42

(zu den Fällen der Aufgabe 10)
① ja: Kasse **an** BGA + USt
② ja: Fuhrpark + VSt **an** Verbindlichkeiten
③ nein: Grundstücke **an** Hypotheken
④ nein: Kasse **an** Bank
⑤ ja: Kasse **an** Kundenanzahlungen + USt
⑥ ja: Waren + VSt **an** Geleistete Anzahlungen
⑦ nein: Darlehen **an** Bank
⑧ nein: Postbank **an** Bank
⑨ Hilfsstoffe + VSt **an** Verbindlichkeiten
⑩ nein: Fuhrpark **an** Eigenkapital

Anmerkungen:
Die Fälle ①, ② und ⑨ sind reine Kauf- / Verkaufssituationen, bei denen immer die USt bzw. die VSt berücksichtigt wird. Fall ③ ist steuerfrei, da es sich um ein Grundstück handelt. Die Fälle ④, ⑦ und ⑧ sind reine Geldbewegungen, die grundsätzlich steuerfrei sind. Anzahlungen ⑤ und ⑥ sind stets steuerpflichtig. Die Sacheinlage ⑩ wird vom privaten Gesellschafter erbracht; ohne USt.

Lösung 43

① = 7 %; ② = 16 %; ③ = 16 %; ④ = USt-frei; ⑤ = USt-frei; ⑥ = USt-frei; ⑦ = 7 %; ⑧ = 16 % (es geht hierbei *nicht* um ein Druckerzeugnis, sondern um eine Dienstleistung!); ⑨ = 16 %.

Lösung 44

	Soll	Haben
①	Fremdinstandhaltung ... 2.500 + Vorsteuer 400	 **an** Verbindlichkeiten ... 2.900
②	Kasse........................... 1.000 + Forderungen 10.600	**an** Umsatzerlöse .... 10.000 **an** Umsatzsteuer 1.600
③	Werbekosten .... 1.200 + Vorsteuer 192	 **an** Verbindlichkeiten ... 1.392
④	Postgebühren 100	**an** Kasse.......................... 100
⑤	Zinsaufwand .... 800 + Darlehen 3.000	 **an** Bank........................ 3.800
⑥	Bank........................... 9.500	**an** Forderungen........... 9.500
⑦	Mietaufwand............... 2.300	**an** Bank....................... 2.300
⑧	Kasse........................... 1.624	**an** Umsatzerlöse .... 1.400 an Umsatzsteuer............. 224
⑨	BGA............................ 2.000 + Büromaterial............... 300 + Vorsteuer 368	 **an** Kasse...................... 2.668
⑩	Büromaterial (Fachliterat.) 90 + Vorsteuer (7%!).......... 6,30	 **an** Verbindlichkeiten ... 96,30

Lösung 45

① Rohstoffe + VSt **an** Verbindlichkeiten a. LL
② BGA + VSt **an** Verbindlichkeiten a. LL
③ Kasse **an** Umsatzerlöse für Waren + USt
④ Bank **an** Darlehen
⑤ Mietaufwand **an** Bank
⑥ Versicherungen **an** Bank
⑦ Büromaterial + VSt **an** Verbindlichkeiten a. LL
⑧ Werbung + VSt **an** Verbindlichkeiten a. LL
⑨ Fremdinstandhaltung + VSt **an** Verbindlichkeiten a. LL

Lösung 46

(zu Aufgabe 34, nunmehr mit USt)

① Kasse **an** Privateinlagen 5.000
② Verbindlichkeiten **an** Bank 13.000
③ Kasse 4.176 **an** Umsatzerlöse 3.600 + USt 576
④ Postgebühren 900 + VSt 144 **an** Bank 1.044
⑤ Zinsaufwand 500 + Darlehen 2.500 **an** Bank 3.000
⑥ Postgebühren **an** Kasse 200
⑦ Fuhrpark 12.000 + VSt 1.920 **an** Verbindlichkeiten 13.920
⑧ Rohstoffaufwand **an** Rohstoffe 3.000
⑨ Verbindlichkeiten **an** Bank 5.900
⑩ Bank **an** Kasse 2.000

Abschluss-BS der Erfolgskonten:

a) GuV **an** Rohstoffaufwand
b) GuV **an** Postgebühren
c) GuV **an** Zinsaufwand
d) Umsatzerlöse **an** GuV
e) EK **an** GuV (⇨ Verlust!)

Verrechnung der USt mit der VSt; es ergibt sich ein VSt-Überhang:

f) USt **an** VSt

Abschluss des Unterkontos „Privateinlagen“:

g) Privateinlagen **an** EK

Abschluss aller Passivkonten:

h) SBK **an** Fuhrpark
i) SBK **an** BGA
j) SBK **an** Rohstoffe
k) SBK **an** Forderungen
l) SBK **an** Kasse
m) EK **an** SBK
n) Darlehen **an** SBK
o) Verbindlichkeiten **an** SBK
p) Bank **an** SBK

Sie sehen, durch die USt hat sich (im Vergleich zur Aufgabe 34) am Erfolg nichts geändert; USt und VSt sind tatsächlich erfolgsneutral!

Und hier das Hauptbuch:

S **Fuhrpark** H

⑦ Vb.	12.000	SBK	12.000

S **BGA** H

AB	33.000	SBK	33.000

S **Rohstoffe** H

AB	26.000	⑧ RSA	3.000
		SBK	23.000
	26.000		26.000

S **Forderungen** H

AB	11.000	SBK	11.000

S **Vorsteuer** H

④ Ba.	144	USt	576
⑦ Vb.	1.920	SBK	1.488
	2.064		2.064

S **Kasse** H

AB	4.000	⑥ Pogeb.	200
① Priv.	5.000	⑩ Ba.	2.000
③ UE,USt	4.176	SBK	10.976
	13.176		13.176

S **Bank** H

AB	16.000	② Vb.	13.000
⑩ Ka	2.000	④ Po,VSt	1.044
SBK	4.944	⑤ ZA,Da.	3.000
		⑨ Vb.	5.900
	22.944		22.944

S **Eigenkapital** H

GuV	1.000	AB	50.000
SBK	54.000	Priv.	5.000
	55.000		55.000

S **Darlehen** H

⑤ Ba.	2.500	AB	18.000
SBK	15.500		
	18.000		18.000

S **Verbindlichkeiten** H

② Ba.	13.000	AB	22.000
⑨ Ba.	5.900	⑦ Fpk., + VSt	13.920
SBK	17.020		
	35.920		35.920

S **Umsatzsteuer** H

VSt	576	③ Ka.	576

S **Privateinlagen** H

EK	5.000	① Ka.	5.000

S **Rohstoffaufwand** H

⑧ RS	3.000	GuV	3.000

S **Postgebühren** H

④ Ba.	900	GuV	1.100
⑥ Ka.	200		
	1.100		1.100

S **Zinsaufwand** H

⑤ Ba.	500	GuV	500

S **Umsatzerlöse** H

GuV	3.600	③ Ka.	3.600

S **GuV** H

RSA	3.000	UE	3.600
Postgeb.	1.100	EK	1.000
Zinsaufw.	500		
	4.600		4.600

S **SBK** H

Fpk.	12.000	EK	54.000
BGA	33.000	Darl.	15.500
Rohst.	23.000	Verb.	17.020
Ford.	11.000	Bank	4.944
VSt.	1.488		
Kasse	10.976		
	91.464		91.464

Lösung 47

① Kasse **an** Privateinlagen 4.000
② Privatentnahmen 92,80 **an** UWA 80 + USt 12,80
③ Privatentnahmen **an** Bank 500
④ Privatentnahmen 696 **an** UWA 600 + USt 96
⑤ Privatentnahmen 5.568 **an** UWA 4.800 + USt 768
⑥ Privatentnahme **an** Kasse 100
⑦ Privatentnahmen **an** UWA 1.000
⑧ Privatentnahmen 464 **an** UWA 400 + USt 64
⑨ Privatentnahmen 5.800 **an** UWA 5.000 + USt 800
Außerdem müssen das Fuhrparkkonto berichtigt und der Ertrag von 800 € gebucht werden:[1]
UWA 5.000 **an** Fuhrpark 4.200 + Ertrag aus Anlag.abgang 800
⑩ UWA **an** GuV 6.880

Lösung 48

① falsch: Beim Kauf von Wertpapieren fällt keine Vorsteuer an
② falsch: Verbindlichkeiten und Bank erfassen immer Bruttobeträge, daher kann nicht noch einmal VSt (dazu noch im Haben!) berücksichtigt werden. Auch eine Korrekturbuchung im Sinne eines Skontos wäre so falsch; dazu würde das Konto fehlen, auf das der Nettoskonto gebucht wird
③ richtig: ER für Verpackungsmaterial
④ falsch: der Verbrauch von Rohstoffen ist ein rein interner Vorgang, also ohne VSt
⑤ richtig: Kunde leistet eine Anzahlungen für eine steuerpflichtige Leistung
⑥ falsch: Versicherungen sind ohne VSt zu buchen (da sie schon eine andere Verkehrsteuer enthalten)
⑦ falsch: Verrechnung der beiden Steuerkonten erfolgt immer umgekehrt
⑧ richtig: Gesellschafter scheidet aus und erhält seine Einlage in Form einer Maschine zzgl. USt zurück
⑨ falsch: Der Kauf von Grundstücken ist steuerfrei
⑩ richtig: Wir bekommen eine Provision überwiesen

1 Hierzu finden Sie in der Literatur abweichende Vorgehensweisen.

Lösung 49

① Ein Mitarbeiter kauft im Personaleinkauf ein; der Bruttobetrag wird nicht direkt bezahlt, sondern mit der nächsten Gehaltszahlung verrechnet
② Der Inhaber entnimmt Gegenstände / nutzt Leistungen für private Zwecke
③ Wir überweisen die Anzahlung zzgl. VSt per Bank
④ ER des Spediteurs, der den Transport zum Kunden übernimmt
⑤ Abbuchung der Stromrechnung o.ä. vom Bankkonto
⑥ Unser Handelsvertreter bekommt seine Provision per Scheck
⑦ Abschluss des Aufwandskontos „Reinigungsaufwand“
⑧ Abschluss des GuV-Kontos mit Verlust
⑨ Überweisung vom Postbankkonto für Versicherungen
⑩ Bankgutschrift für Dividende o.ä.

Lösung 50

(Fälle der Aufgabe 29, nunmehr mit USt!)
Während des Geschäftsjahres kommt es zu folgenden GVF:

① Mietaufwand **an** Bank 3.000
② Bank 2.320 **an** Kundenanzahlungen 2.000 + USt 320
③ Leasing(aufwand) 1.500 + VSt 240 **an** Bank 1.740
④ Forderungen 5.800 **an** Umsatzerlöse 5.000 + USt 800
⑤ Postgebühren 1.200 + VSt 192 **an** Bank 1.392
⑥ Forderungen **an** Zinserträge 400
⑦ Fremdinstandhaltung 600 + VSt 96 **an** Bank 696
⑧ Kundenanz. 2.000 + Ford. 12.760 **an** UE 13.000 + USt 1.760
⑨ Beratungskosten 1.400 + VSt 224 **an** Verbindlichktn. 1.624
⑩ Verb. 3.480 **an** Provisionsertrag 3.000 + USt 480

Verrechnung der VSt mit der USt: USt **an** VSt 752

Zu den restlichen Abschlussbuchungen ⇨ s. Lösung 29

⇨ Hauptbuch s. nächste Seite (Angaben meist in T €)

S	Maschinen		H
AB	80,0	SBK	80,0

S	Rohstoffe		H
AB	60,0	SBK	60,0

S	Forderungen		H
AB	27,0	SBK	45.960
④UE,USt	5,8		
⑥ZinsE	0,4		
⑧UE,USt	12,76		
	45.960		45.960

S	Vorsteuer		H
③ Ba.	240	USt	752
⑤ Ba.	192		
⑦ Ba.	96		
⑨ Vb.	224		
	752		752

S	Kasse		H
AB	2,0	SBK	2,0

S	Bank		H
AB	21.000	①MA	3.000
② KAnz. + USt	2.320	③Lg,VSt	1.740
		⑤Po.VSt	1.392
		⑦Inst.VSt	696
		SBK	16.492
	23.320		23.320

S	Eigenkapital		H
SBK	103,7	AB	90,0
		GuV	13,7
	103,7		103,7

S	Darlehen		H
SBK	56,0	AB	56,0

S	Umsatzsteuer		H
VSt	752	② Ba.	320
SBK	2.608	④ Fo.	800
		⑧ Fo. +KAnz	1.760
		⑩Vb.	480
	3.360		3.360

S	Kundenanzahlungen		H
⑧ UE	2,0	② Ba.	2,0

S	Verbindlichkeiten		H
⑩PrE.USt	3.480	AB	44.000
SBK	42.144	⑨Ber.USt	1.624
	45.624		45.624

S	Mietaufwand		H
① Ba.	3,0	GuV	3,0

S	Leasingaufwand		H
③ Ba.	1,5	GuV	1,5

S	Fremdinst.haltung		H
⑦ Ba.	0,6	GuV	0,6

S	Postgebühren		H
⑤ Ba.	1,2	GuV	1,2

S	Beratungskosten		H
⑨ Vb.	1,4	GuV	1,4

S	Zinserträge		H
GuV	0,4	⑥ Fo.	0,4

S	Provisionserträge		H
GuV	3,0	⑩ Vb.	3,0

S	Umsatzerlöse		H
GuV	18,0	④ Fo.	5,0
		⑧ Anz,Fo	13,0
	18,0		18,0

S	GuV		H
Mietaufw.	3,0	UE	18,0
Leasing	1,5	Prov.E	3,0
Fr.inst.	0,6	Zinsertr.	0,4
Postgeb.	1,2		
Beratung	1,4		
EK	13,7		
	21,4		21,4

S	SBK		H
Masch.	80.000	EK	103.700
Rohst.	60.000	Darl.	56.000
Ford.	45.960	Verb.	42.144
Bank	16.492	USt	2.608
Kasse	2.000		
	204.452		204.452

Lösung 51

① Rohstoffe 4.000 + VSt 640 **an** Verbindlichkeiten 4.640
② Bezugskosten für RS 200 + VSt 32 **an** Kasse 232
③ Verbindlichkeiten 580 **an** Rohstoffe 500 + VSt 80
④ Verb. 4.060 **an** Bank 3.938,20 + NL f. RS 105 + VSt 16,80
⑤ Ausgangsfrachten 300 + VSt 48 **an** Verbindlichkeiten 348
⑥ Forderungen 9.628 **an** UE 8.000 + Sonst. UE 300 + USt 1.328
⑦ Erlösberichtigung 800 + USt 128 **an** Forderungen 928
⑧ Bank 8.526 + Erl.ber. 150 + USt 24 **an** Forderungen 8.700
⑨ Erl.bericht. 1.000 + USt 160 **an** Verbindl. an Kunden 1.160

Lösung 52

① Warenaufwand 8.000 + Bezugskosten f. Waren 200 + VSt 574 **an** Verbindlichkeiten 8.774
② Verbindlichkeiten 428 **an** Warenaufwand 400 + VSt 28
③ Verbindlichkeiten 813,20 **an** NL f. Waren 760 + VSt 53,20
④ Verb. 7.532,80
an Bank 7.306,82 + NL f. Waren 211,20 + VSt 14,78
⑤ Forderungen 6.960 **an** Umsatzerlöse 6.000 + USt 960
⑥ Umsatzerlöse 400 + USt 64 **an** Forderungen 464
⑦ Erlösberichtig. 1.120 + USt 179,20 **an** Forderungen 1.299,20
⑧ Bank 5.040,90 + Erlösberichtig. 134,40 + USt 21,50
an Forderungen 5.196,80
⑨ - Warenaufwand **an** Bezugskosten f. Waren 200
- NL f. Waren **an** Warenaufwand 971,20
- Umsatzerlöse **an** Erlösberichtigungen...... 1.254,40

Lösung 53

① Rücksendung von Waren an den Lieferanten
② Lieferant gewährt einen Nachlass wg. Mängelrüge
③ Wir überweisen die ER unter Abzug von Skonto
④ ER des Spediteurs für Anliefertransport
⑤ Bonus des Lieferanten; es ist keine Rechnung mehr offen (sonst würde es heißen: *Verbindlichkeiten* **an** ...)
⑥ Zielverkauf von Waren (bzw. von fertigen Erzeugnissen)
⑦ Rücksendung durch den Kunden
⑧ Wir gewähren dem Kunden einen Nachlass wg. Mängelrüge

⑨ Kunde überweist mit Skontoabzug
⑩ Abschluss des Kontos „NL f. Waren“ über „Warenaufwand“

Lösung 54

① Warenaufwand + VSt **an** Verbindlichkeiten a. LL
② Bezugskosten für Waren + VSt **an** Kasse
③ Warenaufwand **an** Bezugskosten für Waren
④ Verbindlichkeiten a. LL **an** Warenaufwand + VSt
⑤ Forderungen a. LL **an** Umsatzerlöse + USt
⑥ Verbindlichkeiten a. LL **an** Nachlässe für Waren + VSt
⑦ Umsatzerlöse + USt **an** Forderungen a. LL
⑧ Erlösberichtigungen + USt **an** Forderungen a. LL
⑨ Nachlässe für Waren **an** Warenaufwand
⑩ Umsatzerlöse **an** Erlösberichtigungen

Lösung 55

① richtig: Rücksendung von Waren an den Lieferer
② richtig: Überweisung der ER unter Abzug von Skonto
③ richtig: Lieferer gewährt uns einen Bonus oder einen Nachlass wegen Mängelrüge, nachdem die Waren bereits gezahlt sind
④ falsch, muss lauten: Ausgangsfrachten + VSt **an** Verbindlichktn.
⑤ falsch: beim Abschluss lautet der BS immer: USt **an** VSt
⑥ richtig: Abschluss der VSt am Monatsende (VSt-Überhang)
⑦ richtig: Abschluss des Aufwandskontos „Ausgangsfrachten“
⑧ falsch: Erlösberichtigungen werden über Umsatzerlöse abgeschlossen; also „Umsatzerlöse **an** Erlösberichtigungen“
⑨ richtig, falls beim Einkauf auf Waren*vorrat* gebucht wurde. Wenn wir den Einkauf direkt als Aufwand buchen, sind „Nachlässe“ ein Unterkonto dazu. Dann heißt es: Nachlässe f. Waren **an** Warenaufwand
⑩ falsch, muss umgekehrt lauten: Warenaufwand **an** Bezugskosten

Lösung 56

① Ausgangsfrachten 1.000 + VSt 160 **an** Verbindlichkeiten 1.160
② Ford. 24.360 **an** UE 20.000 + Sonst. UE 1.000 + USt 3.360
③ UE 800 + USt 128 **an** Forderungen 928
④ Erlösbericht. 1.200 + USt 192 **an** Forderungen 1.392

⑤ Bank 21.599,20 + EB 380 + USt 60,80 **an** Ford. 22.040
⑥ EB 1.000 + USt 160 **an** Verb. gegenüber Kunden 1.160
⑦ UE **an** EB 2.580

Lösung 57

② Rohstoffe 20.000 + Bezugskosten f. RS 1.000 + VSt 3.360 **an** Verb. 24.360
③ Verb. 928 **an** Rohstoffe 800 + VSt 128
④ Verb. 1.392 **an** Nachlässe f. RS 1.200 + VSt 192
⑤ Verb. 22.040 **an** Bank 21.599,20 + NL f. RS 380 + VSt 60,80
⑥ Ford. an Lieferer 1.160 **an** NL f. RS 1.000 + VSt 160
⑦ - Nachlässe f. Rohstoffe **an** Rohstoffe 2.580
- Rohstoffe **an** Bezugskosten f. RS 1.000

Lösung 58

① - SBK **an** Betriebsstoffvorrat 2.500
- Betriebsstoffaufwand **an** BS-Vorrat 6.100
- GuV **an** BS-Vorrat 6.100

② - SBK **an** Warenvorrat 11.000
- Warenvorrat **an** Warenaufwand 11.000
- GuV **an** Warenaufwand 65.000

③ - SBK **an** Kasse 2.760
- Kasse **an** Erträge aus Abrechnungsdifferenzen 60
- Erträge aus Abrechnungsdifferenzen **an** GuV 60

④ - SBK **an** Hilfsstoffvorrat 4.600
- Hilfsstoffaufwand **an** Hilfsstoffvorrat 29.200
- GuV **an** Hilfsstoffaufwand 29.200

⑤ - SBK **an** Unfertige Erzeugnisse 21.500
- Unfertige Erzeugnisse **an** Bestandsveränderungen 4.300
- SBK **an** Fertigerzeugnisse 6.900
- Bestandsveränderungen **an** Fertigerzeugnisse 1.200
- Bestandsveränderungen **an** GuV 3.100

Lösung 59

① SBK **an** Betriebsstoffvorrat
② Betriebsstoffaufwand **an** Betriebsstoffvorrat
③ SBK **an** Warenvorrat
④ Warenvorrat **an** Warenaufwand
⑤ Warenaufwand **an** Warenvorrat

Lösung 60

① Zielkauf von Rohstoffen (statt auf *Vorrat* kann ggf. auch direkt auf *Aufwand* gebucht werden)
② Der Rohstofflieferant gewährt Nachlass wegen Mängelrüge
③ Wir überweisen die ER für Rohstoffe unter Skontoabzug
④ Der Inventurbestand an Rohstoffen wird gebucht
⑤ Der Rohstoffverbrauch wird gebucht
⑥ Abschluss des Aufwandskontos
⑦ Der Inventurbestand an fertigen Erzeugnissen wird gebucht
⑧ Dabei ergibt sich eine Bestandsminderung
⑨ Abschluss des Kontos „BV“ nach einer Bestands*minderung*
⑩ Abschluss des Kontos „BV“ nach einer Bestands*mehrung*

Lösung 61

⇨ Hauptbuch auf der Folgeseite!

① Mietaufwand **an** Bank 3.000
② Rohstoffvorrat 9.000 + VSt 1.440 **an** Verbindlichkeiten 10.440
③ Bezugskosten für RS 100 + VSt 16 **an** Kasse 116
④ Rohstoffaufwand **an** Rohstoffvorrat 3.600
⑤ Verb. 10.440 **an** Bank 10.231,20 + NL f. RS 180 + VSt 28,80
⑥ Leasingaufwand 5.000 + Vst. 800 **an** Bank 5.800
⑦ Forderungen 31.320 **an** Umsatzerlöse 27.000 + USt 4.320
⑧ Erlösberichtigungen 2.000 + USt 320 **an** Forderungen 2.320
⑨ Personalkosten **an** Bank 6.000
⑩ Bank 28.130 + Erlösber. 750 + USt 120 **an** Ford. 29.000

BS der Inventurbestände der Vorräte:
a) SBK **an** RS-Vorrat 1.200
b) SBK **an** Unf. Erzeugnisse 4.400
c) SBK **an** FE 2.200

Abschluss der Unterkonten:
d) RS-Vorrat **an** Bezugskosten f. RS 100
e) NL f. RS **an** Rohstoffvorrat 180
f) Umsatzerlöse **an** Erlösberichtig. 2.750

BGA

S		H	
AB	40.000	SBK	40.000

Rohstoffe

S		H	
AB	12.000	④ RSA	3.600
② Vb.	9.000	NL	180
Bez.ko.	100	SBK	11.200
		RSA	6.120
	21.100		21.100

Bezugskosten f. RS

S		H	
③ Ka.	100	RS	100

Nachlässe f. RS

S		H	
RS	180	⑤ Vb.	180

Unfertige Erzeugnisse

S		H	
AB	6.000	SBK	4.400
		BV	1.600
	6.000		6.000

Fertigerzeugnisse

S		H	
BV	2.200	SBK	2.200

Forderungen

S		H	
AB	9.000	⑧EB,USt	2.320
⑦ UE		⑩EB,USt	
+ USt	31.320	+ Ba.	29.000
		SBK	9.000
	40.320		40.320

Vorsteuer

S		H	
② Vb.	1.440	⑤ Vb.	28,80
③ Ka.	16	USt	2.227,20
⑥ Ba	800		
	2.256		2.256

Kasse

S		H	
AB	1.000	③BezK,Ka	116
		SBK	884
	1.000		1.000

Bank

S		H	
AB	32.000	① MA	3.000
⑩ Fo.	28.130	⑤Vb.	10.231,20
		⑥ Leas. + Vst	5.800
		⑨ PK	6.000
		SBK	35.098,80
	60.130		60.130

Eigenkapital

S		H	
SBK	51.130	AB	50.000
		GuV	1.130
	51.130		51.130

Darlehen

S		H	
SBK	31.000	AB	31.000

Verbindlichkeiten

S		H	
⑤ Ba,NL		AB	19.000
+ VSt	10.440	② RS	
SBK	19.000	+ VSt	10.440
	29.440		29.440

Umsatzsteuer

S		H	
⑧ Fo.	320	⑦ Fo.	4.320
⑩ Fo.	120		
VSt	2.227,20		
SBK	1.652,80		
	4.320		4.320

Rohstoffaufwand

S		H	
④ RS	3.600	GuV	9.720
RS	6.120		
	9.720		9.720

Mietaufwand

S		H	
① Ba.	3.000	GuV	3.000

Leasingaufwand

S		H	
⑥ Ba.	5.000	GuV	5.000

S	**Personalkosten**		H
⑨ Ba.	6.000	GuV	6.000

S	**Umsatzerlöse**		H
EB	2.750	⑦ Fo.	27.000
GuV	24.250		
	27.000		27.000

S	**Erlösberichtigungen**		H
⑧ Fo.	2.000	UE	2.750
⑩ Fo.	750		
	2.750		2.750

S	**Bestandsveränderungen**		H
Unf.E.	1.600	FE	2.200
GuV	600		
	2.200		2.200

S	**GuV**		H
RSA	9.720	UE	24.250
MA	3.000	BV	600
Leas.	5.000		
Pers.ko.	6.000		
EK	1.130		
	24.850		24.850

S	**SBK**		H
BGA	40.000	EK	51.130
RS	11.200	Darl.	31.000
Unf.E.	4.400	Verb.	19.000
FE	2.200	USt	1.652,80
Ford.	9.000		
Kasse	884		
Ba.	35.098,80		
	102.782,80		102.782,80

Verbrauchsbuchungen:
g) RS-Aufwand **an** RS-Vorrat......6.120
h) BV **an** Unf. Erzeugnisse 1.600
i) FE **an** BV................................2.200
j) BV **an** GuV................................600

Buchung des Erfolgs:
k) GuV **an** EK............................1.130

Verrechnung der VSt mit der USt und Ermittlung der Zahllast:
l) USt **an** VSt.........................2.227,20
m) USt **an** SBK.......................1.652,80

Lösung 62

① falsch: die Buchung des Verbrauchs muss umgekehrt lauten
② richtig: Wir hatten alle Wareneinkäufe auf „Warenaufwand“ gebucht und haben eine Bestandserhöhung; der zuviel gebuchte Warenaufwand wird korrigiert, der Vorrat erhöht.
③ falsch: es fehlt die Vorsteuer
④ richtig: Bestandsminderung von Unfertigen Erzeugnissen
⑤ richtig: Abschluss des Unterkontos „NL für Warenaufwand“
⑥ falsch: Erlösberichtigungen werden über UE abgeschlossen
⑦ falsch: Bezugskosten für RS werden über RS abgeschlossen

⑧ falsch: statt „Ausgangsfrachten" müsste es „Sonst. UE" heißen, wenn wir beim Zielverkauf den Kunden auch mit Frachtkosten belasten

⑨ richtig: Ein Brand im Hilfsstofflager vernichtet einen Teil der Hilfsstoffe

⑩ richtig: wir buchen den Verbrauch von Verpackungsmaterial

Lösung 63

① Geleistete Anzahlungen auf Vorräte **an** Bank

② Warenaufwand + VSt **an** Geleistete Anzahlungen + Verb.

③ Verb. **an** Warenaufwand + VSt

④ Verb. **an** NL für Waren + VSt

⑤ Verb. **an** NL für Waren + VSt

⑥ Verb. **an** NL für Waren + VSt + Bank

⑦ NL f. Waren **an** Warenaufwand

⑧ - SBK **an** Warenvorrat 7.000
- Warenaufwand **an** Warenvorrat (13.000)

⑨ - SBK **an** Warenvorrat 24.000
- Warenvorrat **an** Warenaufwand (4.000)

Anmerkung: Diese Beträge stehen in Klammern, da über die Höhe der vorherigen Warenaufwendungen keine Angaben vorliegen.

Lösung 64

① Geleistete Anzahlungen + VSt **an** Bank

② Warenaufwand + VSt **an** Geleistete Anzahlungen + Verbindl.

③ Verbindlichkeiten **an** Nachlässe für Waren + VSt + Bank

④ Bank (oder Schecks) **an** Erhaltene Anzahlungen + USt

⑤ Bank **an** Sonstige Umsatzerlöse + USt

⑥ Vertriebsprovisionen + VSt + Bank **an** Umsatzerlöse + USt

⑦ Verbindlichkeiten a. LL **an** Bank

⑧ Bank (oder Schecks) **an** Nachlässe für Rohstoffe + VSt

⑨ Bank (oder Schecks) **an** Erhaltene Anzahl. + USt (wie Fall ④).

Lösung 65

① Kauf von Waren gegen Wechsel

② Wir senden unserem Wechselschuldner die Diskontrechnung zu

③ Wir begleichen den uns vorgelegten Wechsel am Verfalltag bar

④ Wir ziehen (nachträglich) auf unseren Kunden einen Wechsel
⑤ Als Anzahlung zieht unser Lieferant auf uns einen Wechsel
⑥ Wie Fall ⑤, nur geben wir einen unserer Besitzwechsel weiter
⑦ Inkasso eines fälligen Wechsels durch unsere Bank
⑧ Wir geben unserer Bank einen Besitzwechsel zum Diskont
⑨ ER unseres Lieferanten über Wechselzins
⑩ Wir kaufen Möbel und bezahlen teils per Scheck, teils mit einem weitergegebenem Wechsel

Lösung 66

① falsch: Die Kosten des GV müssen im Haben stehen
② richtig: wir kaufen Rohstoffe und geben zur Bezahlung einen unserer Besitzwechsel an den Lieferanten weiter
③ falsch: muss umgekehrt lauten
④ richtig: unsere Kunde leistet eine Anzahlung per Wechsel
⑤ richtig: Rohstoffkauf; unsere Anzahlung wird verrechnet, über den Rest zieht der Lieferant auf uns einen Wechsel
⑥ falsch: muss umgekehrt lauten
⑦ richtig: Der Wechselgläubiger legte den Wechsel unserer Bank vor, die uns den Wechselbetrag zzgl. Spesen belastet
⑧ richtig: Abschluss des Kontos Diskontertrag
⑨ falsch: Wenn wir dem Kunden die Diskontrechnung schicken, muss die Buchung umgekehrt lauten

Lösung 67

① Warenaufwand 8.000 + VSt 1.280 **an** Verbindlichkeiten 9.280
② Verbindlichkeiten **an** Schuldwechsel 9.280
③ Diskontaufwand **an** Verbindlichkeiten 185,50
④ Bank 2.813 + EB 75 + USt 12 **an** Forderungen 2.900
⑤ Schecks 2.320 **an** Umsatzerlöse 2.000 + USt 320
⑥ Bank **an** Schecks 2.320
⑦ Besitzwechsel 11.600 **an** Umsatzerlöse 10.000 + USt 1.600
⑧ Forderungen **an** Diskontertrag 145
⑨ Bank 11.481,60 + Diskontaufwand 108,40 + Kosten d. GV 10 **an** Besitzwechsel 11.600
⑩ Bank 2.988 + Kosten d. GV 12 **an** Besitzwechsel 3.000

S	**BGA**		H
AB	60.000	SBK	60.000

S	**Waren**		H
AB	33.000	SBK	34.000
WA	1.000		
	34.000		34.000

S	**Forderungen**		H
AB	24.000	④ Ba, EB	
⑧ DE	145	+ USt	2.900
		SBK	21.245
	24.145		24.145

S	**Besitzwechsel**		H
AB	5.000	⑨Ba,DA	
⑦ UE		+ GV	11.600
+ USt	11.600	⑩Ba,GV	3.000
		SBK	2.000
	16.600		16.600

S	**Vorsteuer**		H
① Vb.	1.280	USt	1.280

S	**Bank**		H
AB	18.000	SBK	37.602,60
④ Fo.	2.813		
⑥ Sch.	2.320		
⑨BW	11481,60		
⑩BW	2.988		
	37.602,60		37.602,60

S	**Schecks**		H
⑤UE,USt	2.320	⑥ Ba.	2.320

S	**Eigenkapital**		H
SBK	74.754,10	AB	70.000
		GuV	4.754,10
	74.754,10		74.754,10

S	**Darlehen**		H
SBK	34.000	AB	34.000

S	**Verbindlichkeiten**		H
② SW	9.280	AB	36.000
SBK	36.185,50	①WA,VSt	9.280
		③ DA	185,50
	45.465,50		45.465,50

S	**Umsatzsteuer**		H
④ Fo.	12	⑤ Sch.	320
VSt	1.280	⑦ BW	1.600
SBK	628		
	1.920		1.920

S	**Schuldwechsel**		H
SBK	9.280	② Vb.	9.280

S	**Warenaufwand**		H
① Vb.	8.000	Wa.V.	1.000
		GuV	7.000
	8.000		8.000

S	**Diskontaufwand**		H
③ Vb.	185,50	GuV	293,90
⑨ BW	108,40		
	293,90		293,90

S	**Umsatzerlöse**		H
EB	75	⑤ Sch.	2.000
GuV	11.925	⑦ BW	10.000
	12.000		12.000

S	**Erlösberichtigungen**		H
④ Fo.	75	UE	75

S	**Diskontertrag**		H
GuV	145	⑧ Fo.	145

S	**Kosten d. GV**		H
⑨ BW	10	GuV	22
⑩ BW	12		
	22		22

S	GuV		H
WA	7.000	UE	11.925
DA	293,90	DE	145
K.d.GV	22		
EK	4.754,10		
	12.070		12.070

S	SBK		H
BGA	60.000	EK	74.754,10
WV	34.000	Darl.	34.000
Ford.	21.245	Vb.	36.185,50
BW	2.000	SW	9.280
Ba.	37.602,60	USt	628
	154.847,60		154.847,60

Lösung 68

① Der Bruttolohn stellt für den Betrieb einen Aufwand dar (Buchung im Soll). Der Nettolohn wird im Haben gebucht; dort stehen auch die Abzüge, d.h. die einbehaltenen Steuern und der Arbeitnehmeranteil zur Sozialversicherung.

② Arbeitnehmer und Arbeitgeber tragen die Kranken-, Pflege, Arbeitslosen und Rentenversicherung je zur Hälfte.
Der Arbeitnehmeranteil wird als Abzug im Haben gebucht, der Arbeitgeberanteil wird zusätzlich gebucht;
BS: AG-Anteil **an** SV-Verbindlichkeiten.
Die Beiträge zur Berufsgenossenschaft (Unfallversicherung) trägt der Arbeitgeber allein; BS: Beiträge zur BG **an** Bank.

③ Sie sind verpflichtet, Lohn- und Kirchensteuer vom Arbeitnehmer einzubehalten. Bis Sie den Betrag im Folgemonat abführen, stellt er eine spezielle Schuld dar. Das Konto wird mit der Lohnbuchung im Haben angesprochen (Abzug), im Folgemonat wird es aufgelöst; BS: FA-Verbindlichkeiten **an** Bank.

④ AG-Anteil **an** SV-Verbindlichkeiten

⑤ Kürzung z.B. durch einbehaltene Miete f. Werkswohnung, Verrechnung von gewährten Vorschüssen und Darlehen, Monatsbetrag der vermögenswirksamen Leistung, Lohnpfändung, verrechneter Personaleinkauf usw.

⑥ Forderungen an Mitarbeiter **an** Kasse

⑦ Sie erhöhen das Bruttoentgelt und unterliegen damit der Steuer- und Sozialversicherungspflicht.

⑧ Dann wird die (ungünstigste) Steuerklasse VI zugrunde gelegt.

Lösung 69

① Gehalt 2.400 **an** FA-Verb. 458 + SV-Verb. 480 + Bank 1.462
außerdem: AG-Anteil zur SV **an** SV-Verb. 480

② Gehalt 2.400 **an** FA-Verb. 458 + SV-Verb. 480 + Bank 930 + Ford. an MA 300 + UE 200 + USt 32
außerdem: AG-Anteil zur SV **an** SV-Verb. 480

③ SV-Verb. 960 + FA Verb. 458 **an** Bank 1.418

④ Sonst. Gehaltskosten (oder: Freiwill. Sozialleist.) **an** Bank 300

⑤ Beiträge zur BG **an** Bank 800

⑥ Forderungen an Mitarbeiter **an** Darlehen 20.000

⑦ Gehalt 2.400 **an** FA-Verb. 458 + SV-Verb. 480 + Bank 800 + Ford. an MA 400 + Zinsertrag 30

⑧ Sonst. Gehaltskosten **an** Kasse 300

⑨ GuV **an** AG-Anteil zur SV 7.000

Lösung 70

① Betriebsteuern **an** Bank

② Gebäude (bzw. Grundstücke) **an** Bank

③ Periodenfremder Aufwand **an** Bank

④ Bank **an** Privateinlagen + Periodenfremder Ertrag

⑤ Steuern vom Einkommen und Ertrag **an** Bank

⑥ FA-Verbindlichkeiten **an** Bank

⑦ Privatentnahmen **an** Bank

⑧ Versicherungen **an** Bank

⑨ Bank **an** Periodenfremder Ertrag

⑩ Gewerbesteuer + Privatentnahmen **an** Bank

Lösung 71

① richtig; Überweisung der einbehaltenen Lohn- und Kirchensteuer sowie der vereinnahmten Umsatzsteuer

② falsch: muss umgekehrt heißen (oder: Fehlbuchung korrigieren)

③ richtig: AG-Anteil zur SV wird gebucht

④ richtig: Grundsteuer oder dgl. wird überwiesen

⑤ falsch: muss umgekehrt lauten bzw. richtig: Rückerstattung

⑥ falsch: bei Rücküberweisung von zuviel bezahlter Gewerbesteuer muss der BS umgekehrt lauten

⑦ richtig: Inhaber überweist z.B. seine private Krankenversicherung oder seine Einkommensteuer vom Geschäftskonto

⑧ richtig: Überweisung der Unfallversicherungsbeiträge

⑨ falsch: Abschluss über GuV muss umgekehrt lauten

⑩ richtig: Gehaltsbuchung unter Verrechnung eines Vorschusses

Lösung 72

① Forderungen an Mitarbeiter **an** Kasse
② Versicherungen **an** Bank
③ Privatentnahmen **an** Bank
④ Umsatzsteuer **an** Bank
⑤ Bank **an** periodenfremde Erträge
⑥ Grundstücke **an** Bank
⑦ Bank **an** periodenfremde Erträge
⑧ Lohn **an** FA-Verb. + SV-Verb. + Bank + Ford. an MA
⑨ Beiträge zur BG **an** Bank
⑩ Bank **an** Privateinlagen

Lösung 73

① Überweisung der Sozialversicherungsbeiträge
② Personalverkauf; der Mitarbeiter bezahlt nicht gleich, statt dessen wird der Betrag mit der nächsten Gehaltszahlung verrechnet
③ Überweisung einer Heiratsbeihilfe o.ä.
④ Lohnbuchung; der Nettobetrag wird um die Miete für die Werkswohnung gekürzt
⑤ Abschluss des Kontos „Periodenfremder Aufwand“
⑥ Überweisung der Kfz-Steuer
⑦ Einlage des Inhabers oder Rückerstattung von zuviel gezahlter Einkommensteuer o.ä.
⑧ Abschluss des Aufwandskontos „Beiträge zur BG“
⑨ Eine GmbH überweist ihre Körperschaftsteuer
⑩ Die Versicherungsprämie wird überwiesen

Lösung 74

Buchungssätze der genannten GVF:
① Privatentnahmen **an** Bank 4.000
② Betriebsteuern **an** Bank 1.000
③ Bank **an** periodenfremde Erträge 3.000
④ Verb. 11.600 **an** Bank 11.252 + NL f. RS 300 + VSt 48
⑤ Bank 5.684 + EB 100 + USt 16 **an** Forderungen 5.800
⑥ Grundstücke **an** Bank 14.000
⑦ SBK **an** Warenvorrat 11.000

⑧ SBK **an** Rohstoffvorrat 6.000
⑨ SBK **an** Unfertige Erzeugnisse 13.000
⑩ SBK **an** Fertigerzeugnisse 2.000

Buchungssätze beim Kontenabschluss:
a) EK **an** Privatentnahmen 18.000
b) Privateinlagen **an** EK 2.000
c) GuV **an** Betriebsteuern 7.000
d) Periodenfremde Erträge **an** GuV 3.000
e) NL f. RS **an** Rohstoffe 1.300
f) Rohstoffe **an** Bezugskosten f. RS 2.000
g) Rohstoffaufwand **an** RS 17.700
h) GuV **an** Rohstoffaufwand 17.700
i) Umsatzerlöse **an** Erlösberichtigungen 10.100
j) Umsatzerlöse **an** GuV 289.900
k) Umsatzsteuer **an** Vorsteuer 8.952
l) Umsatzsteuer **an** SBK 39.032
m) Bezugskosten f. Waren **an** Warenaufwand 5.000
n) Warenaufwand **an** NL f. Waren 3.000
o) Warenvorrat **an** Warenaufwand 4.000
p) GuV **an** Warenaufwand 23.000
q) Unfertige Erzeugnisse **an** BV 2.000
r) BV **an** Fertigerzeugnisse 6.000
s) GuV **an** BV 4.000

Und so sehen die Konten aus (die Summenzeile fehlt jeweils):

Konto	Soll		Haben	
Warenvorrat	Saldo	7.000	⑦ SBK	11.000
	o) WA	4.000		
Rohstoffvorrat	Saldo	23.000	⑧ SBK	6.000
	f) Bez.ko.	2.000	e) NL	1.300
			g) RSA	17.700
Bezugskosten für Rohstoffe	Saldo	2.000	f) RS	2.000
Nachlässe für Rohstoffe	e) RS	1.300	Saldo	1.000
			④ Vb.	300
Unfertige Erzeugnisse	Saldo	11.000	⑨ SBK	13.000
	q) BV	2.000		

Fertigerzeugnisse	Saldo 8.000	⑩ SBK 2.000 r) BV 6.000
Vorsteuer	Saldo 9.000	④ Vb. 48 k) USt 8.952
Eigenkapital	a) Pr.entn. 18.000	b) Pr.einl. 2.000
Privatentnahmen	Saldo 14.000 ① Ba. 4.000	a) EK 18.000
Privateinlagen	b) EK 2.000	Saldo 2.000
Umsatzsteuer	⑤ Fo. 16 k) VSt 8.952 l) SBK 39.032	Saldo 48.000
Umsatzerlöse	i) EB 10.100 j) GuV 289.900	Saldo 300.000
Erlösberichtigungen	Saldo 10.000 ⑤ Fo. 100	i) UE 10.100
Periodenfremde Erträge	d) GuV 3.000	③ Ba. 3.000
Bestandsveränderungen	r) FE 6.000	q) Unf.E 2.000 s) GuV 4.000
Warenaufwand	Saldo 25.000 m) Bez.ko. 5.000	n) NL 3.000 o) WV 4.000 p) GuV 23.000
Bezugskosten für Waren	Saldo 5.000	m) WA 5.000
Nachlässe für Waren	n) WA 3.000	Saldo 3.000
Rohstoffaufwand	g) RS 17.700	h) GuV 17.700
Betriebsteuern	Saldo 6.000 ② Ba. 1.000	c) GuV 7.000
GuV	h) RSA 17.700 p) WA 23.000 s) BV 4.000 c) Betr.st. 7.000	j) UE 289.900 d)Per.fr.E 3.000
SBK	⑦ WV 11.000 ⑧ RS 6.000 ⑨ Unf.E 13.000 ⑩ FE 2.000	l) USt 39.032

Lösung 75

① Grundstücke **an** Bank 200.000

② Grundstücke **an** Verbindlichkeiten 6.000

③ Grundstücke **an** Bank 7.000

④ Grundstücke 3.000 + VSt 480 **an** Bank 3.480

⑤ Grundstücke **an** Kasse 1.000

⑥ Grundstücke 9.000 + VSt 1.440 **an** Verbindlichkeiten 10.440

⑦ Betriebsteuern **an** Bank 1.500

⑧ Kaufpreis + Makler + Grunderwerbsteuer + Grundbucheintrag + Notar + Anschlusskosten = 226.000 €

⑨ Weil es sich nicht in seiner Substanz verzehrt, wie es bei Bergwerken, Kiesgruben o.ä. der Fall ist.

⑩ Linear, z.B. auf 33 Jahre (abhängig von der Art des Gebäudes) bzw. 3% p.a. = 6.780 € p.a.

Lösung 76

① Es erfolgt keine besondere Buchung; Sie buchen direkt den verminderten Nettowert: Fuhrpark + VSt **an** Verbindlichk. a. LL

② Verbindlichkeiten a. LL **an** Fuhrpark + VSt + Bank

③ Fuhrpark + VSt **an** Verbindlichkeiten a. LL

④ Geschäftsbauten **an** Aktivierte Eigenleistungen

⑤ Geschäftsbauten **an** Anlagen im Bau (auf diesem Konto wurden vorher sämtliche Rechnungen gesammelt.)

⑥ a) Forderungen a. LL **an** Erlöse aus Anlagenabgängen + USt
b) Erlös aus Anlagenabg. **an** Fuhrpk. + Ertrag aus Anlagenabg.

⑦ a) Privatentnahmen **an** EV von Anlagen + USt
b) EV von Anlagen **an** Fuhrpark + Ertrag aus Anlagenabgängen

⑧ b) Erlöse aus Anlagenabg. + Verlust aus Anlagenabg. **an** Fpk.

⑨ a) Verbindlichkeiten a.LL **an** Erlös aus Anlagenabg. + USt
b) außerdem eine weitere Buchung, je nachdem, ob der PKW überm (siehe ⑥) oder unterm Buchwert (⑧) verkauft wurde.

Lösung 77

① Wir lassen ein Gebäude o.ä. durch Fremdfirmen erstellen und erhalten dazu eine ER

② Das Gebäude ist fertiggestellt und wird aktiviert; das Konto „Anlagen im Bau" wird aufgelöst

③ Wir stellen selbst ein Regal o.ä. her, das im Betrieb genutzt werden soll

④ Wir lassen etwas reparieren bzw. eine nur werterhaltende Reparatur durchführen; wir bezahlen die Monteure per Scheck

⑤ Wir verkaufen ein Telefonanlage o.ä.

⑥ Wir ermitteln der Erfolg zu Fall ⑤: Wir verkauften die Telefonanlage überm Buchwert

⑦ dto., nun erfolgte der Verkauf unterm Buchwert

⑧ Wir geben beim Kauf eines PKW o.ä. einen alten PKW in Zahlung, wodurch sich unsere Verbindlichkeit mindert

⑨ Der Inhaber entnimmt z.B. einen Betriebs-PC für private Zwecke

⑩ Der PC (aus Fall ⑨) hatte einen höheren Markt- als Buchwert; der Erfolg wird gebucht und das BGA-Konto korrigiert

Lösung 78

① Abschreibung (Aufw. im S) **an** Anlagekonto (Wertmind. im H)

② Nur Gebäude. Grundstücke i.d.R. nicht.

③ Normal: zum Ende des Geschäftsjahres; außerdem bei Verkauf oder Entnahme des Anlagegutes während des Geschäftsjahres.

④ Die Anschaffungskosten; sie werden ermittelt, indem zum Anschaffungspreis die Anschaffungsnebenkosten addiert und die Anschaffungskostenminderungen abgezogen werden.

⑤ Die lineare Abschreibung. Anschaffungskosten oder Herstellungskosten, geteilt durch die Nutzungsdauer in Jahren.

⑥ Für alle *beweglichen* Anlagegüter, z.B. TA, Fuhrpark, BGA.

⑦ Im ersten Jahr wird von den Anschaffungs- oder Herstellungskosten, in den Folgejahren vom Buchwert abgeschrieben, und zwar jeweils mit einem bestimmten Prozentsatz; dieser beträgt max. 20 % oder das Doppelte des linearen AfA-Satzes.

⑧ Anschaffungskosten : geschätzte Gesamtleistung = AfA-Betrag pro Leistungseinheit; die Leistung muss messbar sein.

Lösung 79

① Listenpreis 20.000 – 1.600 (= 8%) = AK 18.400;
Fuhrpark 18.400 + VSt 2.944 **an** Verbindlichkeiten 21.344

② Fuhrpark 40 + VSt 6,40 **an** Bank 46,40

③ Fuhrpark **an** Kasse 30

④ Verb. 21.344 **an** Fuhrpark 368 + VSt 58,88 + Bank 20.917,12

⑤ Fuhrpark 400 + VSt 64 **an** Verbindlichkeiten 464

⑥ Anschaffungskosten = 18.400 + 40 + 30 + 400 – 368 = 18.502

⑦ a) lineare AfA: 18.502 : 6 = 3.083[,67] €
b) degressive AfA: 18.502 · 20% = 3.700[,40] €
c) Leistungsabschreibung: 18.502 : 150000 km = 0,12335 €/km; 23400 km · 0,12335 €/km = 2.886[,39] €
⇨ Wir schreiben den PKW degressiv ab.

⑧ - Abschreibungen **an** Fuhrpark 3.083
- SBK **an** Fuhrpark 15.419

⑨ - Abschreibungen **an** WB auf Sachanlagen 3.083
- SBK **an** Fuhrpark 18.502
- WB auf Sachanlagen **an** SBK 3.083

⑩ Sie sehen nicht nur den ursprünglichen Anschaffungswert, sondern auch die bisherigen (kumulierten) Abschreibungen. Damit haben Sie Anhaltspunkte über z.B. die Größe des Fuhrparks und das durchschnittliche Alter der PKW/LKW; beides haben Sie bei der direkten Methode nicht – dort wissen Sie nur den momentanen Buchwert als Saldo.

Lösung 80

① GWG sind selbständig nutzbare Anlagegüter bis max. 410 € netto. Buchung bei Anschaffung:
GWG + VSt **an** Verbindlichkeiten a. LL (bzw. Bank; Kasse)
Vollabschreibung zum 31. Dez.:
Abschreibungen (auf GWG) **an** GWG

② Sofort als Aufwand, z.B. Büromaterial + VSt **an** Kasse

③ Grundsätzlich alle Güter (sogar Grundstücke), wenn ein entsprechender Grund vorliegt, nämlich eine dauerhafte Wertminderung (z.B. Brand, Verseuchung, Totalschaden).

④ Die Gegenbuchung der Abschreibung erfolgt im Haben *nicht* über das Anlagekonto, sondern über WB auf Sachanlagen. WB erfassen *alle bisher vorgenommenen Abschreibungen.*
BS: Abschreibungen **an** Wertberichtigungen auf Sachanlagen.
Im SBK stehen sich damit die Anlagekonten (Aktiva) und die WB (Passiva) gegenüber.

⑤ WB sind *reine Korrekturposten* und weisen damit nicht eine bestimmte Finanzierungsquelle (EK oder FK) aus.

Lösung 81

① richtig: wir lassen ein Gebäude o.ä. bauen und bitten den Handwerker, zum Rechnungsausgleich einen Wechsel auf uns zu ziehen, den wir akzeptieren

② richtig: Kauf von Möbel und Schreibwaren auf Ziel

③ falsch: bei der Aktivierung von selbst erstellten Maschinen fällt keine Vorsteuer an, da rein interner Vorgang; richtig müsste es heißen: Maschinen **an** Aktivierte Eigenleistung

④ falsch: Privatentnahmen von Gegenständen mindern nicht direkt das AV; richtiges Gegenkonto: UWA

⑤ richtig: indirekt abgeschriebener PKW wurde verkauft; nun werden Fuhrpark und die WB aufgelöst und der Ertrag gebucht

⑥ richtig: ein vorher als BGA gebuchtes GWG umgebucht

⑦ richtig: Vollabschreibung eines GWG am Jahresende

⑧ falsch; muss umgekehrt heißen (Buchung der AfA bei indirekter Abschreibung)

⑨ richtig: Durch einen Schaden verliert das Grundstück an Wert; es wird außerplanmäßig abgeschrieben

⑩ falsch: Bei Wegfall des Grundes einer früheren außerplanmäßigen Abschreibung erfolgt zwar eine Zuschreibung, allerdings muss die Buchung genau umgekehrt lauten

Lösung 82

Buchungssätze:

① GWG **an** BGA 1.200

② Abschreibungen **an** BGA 5.960

③ Abschreibungen auf GWG **an** GWG 10.200

④ Anlagen im Bau 29.000 + VSt 4.640 **an** Verbindlichk. 33.640

⑤ Gebäude **an** Anlagen im Bau 110.000

⑥ Abschreibungen **an** Gebäude 16.500
(Halle: 110.000 : 20 = 5.500; Gebäude 2: 220.00 : 20 = 11.000)

⑦ außerplanmäßige Abschreibung **an** Gebäude 49.000
(AB 220.000 – 11.000 = 209.000; Differenz = 49.000)

⑧ Abschreibungen **an** WB auf Fuhrpark 8.000

⑨ a) GuV **an** Abschreibungen 30.460
b) GuV **an** außerplanmäßige Abschreibungen 49.000
c) GuV **an** Abschreibungen auf GWG 10.200

d) SBK **an** Gebäude 264.500
e) SBK **an** BGA 23.840
f) SBK **an** Fuhrpark 48.000
g) WB auf Fuhrpark **an** SBK 16.000

Konto	**Soll**		**Haben**	
Gebäude	(Saldo)	220.000	⑥ Abs.	16.500
	⑤ A.i.Bau	110.000	⑦ auß.pl.	49.000
			d) SBK	264.500
Fuhrpark	(Saldo)	48.000	f) SBK	48.000
BGA	(Saldo)	31.000	① GWG	1.200
			② Abs.	5.960
			e) SBK	23.840
Anlagen im Bau	(Saldo)	81.000	⑤ Geb.	110.000
	④ Vb.	29.000		
GWG	(Saldo)	9.000	③GWG-Abs.	10.200
	① BGA	1.200		
WB auf Fuhrpark	g) SBK	16.000	(Saldo)	8.000
			⑧ Abs.	8.000
Abschreibungen	② BGA	5.960	a) GuV	30.460
	⑥ Geb.	16.500		
	⑧ WB	8.000		
außerplanmäßige AfA	⑦ Geb.	49.000	b) GuV	49.000
Abschreib. auf GWG	③ GWG	10.200	c) GuV	10.200

Lösung 83

① Bezüglich Ihrer Forderungen gilt: der Insolvenzantrag wurde abgelehnt, das Insolvenzverfahren beendet, die Forderung ist verjährt, der Schuldner wurde erfolglos gepfändet oder verstarb mittellos.

② Eine *spezielle* Forderung an den *bestimmten* Kunden XY wird zweifelhaft oder uneinbringlich.

③ Zweifelhafte Forderungen **an** Forderungen a. LL 4.640

④ Bank 1.856
Abschreibungen auf Ford 2.400
Umsatzsteuer 384
an Zweifelhafte Forderungen 4.664

⑤ Bank 500,00
an Periodenfremder Ertrag 431,03
an USt 68,97

⑥ Wenn der Fall im einen Jahr nicht abgeschlossen ist, sondern sich über den Bilanzstichtag hinwegzieht.

⑦ Weil wir den Ausfall nur schätzen konnten; diese Schätzung ist meist entweder zu niedrig oder zu hoch.

⑧ Bank 1.160
Umsatzsteuer 160
EWB 1.200
an Zweifelhafte Forderungen 2.320
an Periodenfremder Ertrag 200

⑨ PWB 3.000
USt 480
an Forderungen a. LL 3.480

⑩ a) Abschreibungen auf Forderungen **an** PWB 400
b) PWB **an** SBK 2.400

Lösung 84

① Eine Forderung wird zweifelhaft; wir buchen um

② Wir schreiben eine spezielle Forderung ab, für die zum 31.12. mit einem Ausfall gerechnet wird

③ Aus einer bereits abgeschriebenen Forderung erhalten wir doch noch eine Zahlung (periodenfremder Ertrag; die USt lebt wieder auf)

④ Wir stellen fest, dass eine Forderung z.B. verjährt ist und schreiben sie komplett ab; die USt wird berichtigt

⑤ Abschluss des Passivkontos PWB über SBK

⑥ Im Folgejahr bemessen wir die PWB neu und setzen sie herab

⑦ Wir haben eine Auslandsverbindlichkeit aus der Lieferung von Waren; zum 31.12. ist der Wechselkurs gestiegen

⑧ Wir haben eine Forderung auf ausländische Währung; zum 31.12. ist der Wechselkurs gesunken

⑨ Wir nehmen ein Darlehen auf; der Auszahlungsbetrag wird sofort um das Disagio gekürzt

⑩ Zum 31.12. rechnen wir den anteiligen Zinsaufwand (zu Fall ⑨) heraus und grenzen ihn über ARA ab

Lösung 85

① a) Sonstiger Aufwand **an** Forderungen 200
b) keine Buchung, da nicht realisierter Gewinn

② a) keine Buchung, da nichtrealisierter Gewinn
b) Sonstiger Aufwand **an** Verbindlichkeiten 300

③ a) Bank 190.000 + ARA 10.000 **an** Darlehen 200.000
b) Zinsaufwand **an** Bank 5.000
(nur der halbe Jahreszinsbetrag!)
c) Zinsaufwand **an** Bank 10.000

④ a) Bank 485.000 + ARA 30.000 **an** Anleihen 515.000
b) Anleihen 515.000 + Kosten d. GV 5.000 **an** Bank 520.000

⑤ a) Zweifelhafte Forderungen **an** Forderungen 23.200
b) Abschreibungen auf Ford. **an** EWB 14.000

⑥ Zunächst die Berechnung der Beträge:

	Fall a)	Fall b)	Fall c)
Zweifelh. Ford. (brutto)	23.200	23.200	23.200
– Zahlungseingang (brutto)	6.960	9.280	5.800
= tatsächl. Ausfall (brutto)	16.240	13.920	17.400
– darin enthaltene USt	2.240	1.920	2.400
= tatsächl. Ausfall, netto	14.000	12.000	15.000
– geschätzter Ausfall (EWB)	14.000	14.000	14.000
= zusätzl. Forderungsverlust	–	–	1.000
bzw. Ertrag	–	2.000	–

a) - Bank **an** Zweifelhafte Ford. 6.960
- USt 2.240 + EWB 14.000 **an** Zweifelhafte Ford. 16.240

b) - Bank **an** Zweifelhafte Ford. 9.280
- USt 1.920 + EWB 14.000
an Zweifelh. Ford. 13.920 + Periodenfremder Ertrag 2.000

c) - Bank **an** Zweifelhafte Ford. 5.800
- USt 2.400 + Periodenfr. Aufwand 1.000 + EWB 14.000
an Zweifelhafte Ford. 17.400

Lösung 86

① falsch: durch die Bildung einer PWB nehmen die Zweifelhaften Forderungen nicht zu (höchstens Stornobuchung)
② richtig: wir bilden eine PWB bzw. setzen diese herauf
③ falsch: wenn es aus einer abgeschriebenen Forderungen nachträglich zu einem periodenfremden Erträge kommt, muss direkt die Bank angesprochen werden
④ richtig: eine (einwandfreie) Forderung fällt aus; wir verrechnen den Ausfall mit der vorsorglich gebildeten PWB und korrigieren die USt
⑤ falsch: muss umgekehrt lauten
⑥ falsch (und einfach nur Unsinn); Verbindl. werden (im Gegensatz zu Ford.) nicht abgeschrieben; verzichtet der Gläubiger auf einen Teil unserer Verbindl., so kommt es zu einem Ertrag
⑦ richtig, wenn der Vorgang einer Zweifelhaften Forderungen abgeschlossen ist (z.B. durch Restzahlung) und die Korrekturbuchungen einzeln vorgenommen werden
⑧ falsch: kommt es bei einer Auslandsforderung zu einem Kursgewinn, so darf dieser nicht gebucht werden
⑨ falsch: eine Umbuchung von PWB auf EWB ist nicht möglich
⑩ falsch: Abschlussbuchung muss umgekehrt lauten

Lösung 87

① a) Warenaufwand **an** Verbindlichkeiten a. LL 150
b) Verbindlichkeiten a. LL **an** SBK 4.650
② Bank 285.000
ARA 15.000
an Darlehensschulden 300.000
③ Zinsaufwand **an** ARA 5.000
④ a) <u>periodenrichtig:</u> GuV **an** Kfz-Steuer 450
b) <u>abzugrenzen:</u> ARA **an** Kfz-Steuer 150
⑤ a) ARA **an** EBK 150
b) Kfz-Steuer **an** ARA 150
⑥ a) <u>periodenrichtig:</u> Zinsertrag **an** GuV 200
b) <u>abzugrenzen:</u> Zinsertrag **an** PRA 100
⑦ a) EBK **an** PRA 100
b) PRA **an** Zinsertrag 100
⑧ Sonstige Forderungen **an** Mietertrag

⑨ Mietaufwand **an** Sonstige Verbindlichkeiten

⑩ Alles sind ziemlich *kurzfristige* Verbindlichkeiten, die i.d.R. im Folgemonat beglichen werden. Insofern gehören auch die „Übrigen sonstigen Verbindlichkeiten“ zurecht in diese Gruppe.

Lösung 88

① Abgrenzung des im Voraus bezahlten Versicherungsaufwands

② Aufnahme eines Darlehens; das Disagio wird direkt auf ARA gebucht

③ Zu Fall ②: Der anteilige Zinsaufwand des Jahres wird gebucht

④ Ein fürs Folgejahr bezahlter Zinsaufwand wird über ARA abgegrenzt. Oder: Im Fall ② wurde zunächst nicht auf ARA, sondern auf Zinsaufwand gebucht, jetzt wird der Zinsanteil für die Folgejahre herausgebucht

⑤ Buchung zum 01.01.: Das Konto PRA wird abgeschlossen und der Ertrag periodenrichtig gebucht

⑥ Abschlussbuchung von ARA

⑦ Zum 3.12. sind die Telefongebühren noch nicht bezahlt

⑧ Eingang einer Zinszahlung; der Zins ist teilweise dem Vorjahr, teilweise dem laufenden Jahr zuzurechnen

⑨ Erhalt der ER im laufenden Jahr für z.B. Vertriebsprovisionen des Vorjahres und Überweisung inkl. Vorsteuer

⑩ Erhalt der ER für Beratung, die teils im Vorjahr, teils im neuen Jahr erfolgte; Überweisung inkl. Vorsteuer

Lösung 89

① richtig: Buchung ausstehender Zinserträge zum 31.12.

② falsch: das Aktivkonto ARA wird über SBK abgeschlossen

③ richtig: die Stromrechnung für den Dezember steht noch aus

④ richtig: Bildung einer Rückstellung für eine Reparatur

⑤ richtig: ER für z.B. Reparaturen; die Rückstellung war zu hoch (Ertrag), die Rechnung wird überwiesen

⑥ falsch: Abschlussbuchung muss umgekehrt heißen

⑦ richtig: das Konto „Beratungskosten“ wird abgeschlossen; ein Teil betraf das alte, ein Teil das Folgejahr

⑧ richtig: Überweisung für z.B. zuviel gezahlte Gewerbesteuer

⑨ richtig: Bildung einer Pensionsrückstellungen

⑩ falsch: Bildung einer Steuerrückstellung ohne Vorsteuer!

Lösung 90

① Versicherungen **an** Bank 600
② ARA **an** Versicherungen 250
③ Postgebühren **an** Sonstige Verbindlichkeiten 750
④ Sonstige Verb. 750 + VSt 120 **an** Postbank 870
⑤ Vertriebsprovisionen **an** Sonst. Verb. 4.640
⑥ Sonst. Verb. 4.640 + VSt 742,40 **an** Bank 5.382,40
⑦ Prozesskosten **an** Sonst. Rückstellungen 4.000
⑧ Sonst. RüSt 4.000 **an** Bank 3.600 + Periodenfr. Ertrag 400
⑨ Sonst. RüSt 4.000 + periodenfr. Aufwand 200 **an** Bank 4.200
⑩ Sonst. RüSt 4.000 + VSt 576 **an** Bank 4.176 + Per.fr. Ertr. 400

Lösung 91

① falsch: die beiden Konten haben nichts miteinander zu tun
② richtig: zum 01.01. wird der Mietaufwand periodenrichtig gebucht und das ARA-Konto aufgelöst
③ richtig: wir überweisen die Telefonrechnung o.ä., für die wir im Vorjahr einen Aufwand abgegrenzt hatten
④ richtig: Wir hatten eine (zu niedrige) Rückstellung gebildet und begleichen nun den Betrag
⑤ richtig: Eröffnungsbuchung zum 01.01.
⑥ richtig: Abgrenzungsbuchung zum 31.12.: Wir hatten vorab Zinsen erhalten
⑦ falsch: zum einen macht es wenig Sinn, dass wir eine Provision schon im vorhinein (d.h. vor der eigentlichen Leistung) erhielten, zum anderen kann bei der Abgrenzung keine USt anfallen; richtig hieße es bspw. Sonstige Forderungen **an** Provisionserträge
⑧ richtig (!): Wir hatten einen Umsatz, der Kunde zahlte per Kreditkarte; die Kreditkartenfirma überweist uns den Betrag abzgl. ihrer Provision und der USt (für uns VSt)
⑨ falsch: PRA wird über SBK abgeschlossen
⑩ richtig: wir hatten eine Rückstellung für Gewerbesteuer gebildet; diese war zu hoch, der Restbetrag wird überwiesen

Lösung 92

① Zum 31.12. steht noch die ER des Rechtsanwaltes o.ä. aus

② Ein Mitarbeiter scheidet aus (oder verstirbt); wir lösen die für ihn gebildete Pensionsrückstellung auf

③ Aufnahme eines Darlehens mit Disagio

④ Gleicher Fall wie ③, nur dass jetzt das Disagio sofort auf ARA gebucht wird (und nicht erst am 31.12.)

⑤ Eine Forderung wurde im selben Jahr zweifelhaft und fällt nunmehr aus; wir schreiben sie ab

⑥ Wie Fall ⑤, nur dass jetzt die Forderung vorher nicht zweifelhaft geworden war

⑦ Wir hatten im Abschlussjahr mehr produziert als verkauft; wir buchen die Bestandserhöhung

⑧ Wir senken unsere PWB (kann auch auf „Ertrag aus der Herabsetzung von PWB" gebucht werden, das ist ein spezieller periodenfremder Ertrag)

⑨ Wir haben eine ER auf ausländische Währung; der Kurs ist zum 31.12. gesunken

⑩ Wir hatten eine (zu hohe) Rückstellung für z.B. Reparaturen gebildet und überweisen nun den tatsächlichen Rechnungsbetrag

Lösung 93

① Fremdinstandhaltung **an** Sonstige Rückstellungen 2.000

② Sonstige RüSt 2.000 + Periodenfr. Aufwand 100 + VSt 336
an Bank 2.435

③ Sonstige RüSt 2.000 + VSt 288
an Bank 2.088 + Ertrag a. d. Auflösung von RüSt 200

④ Rechts- und Beratungskosten **an** Sonstige Rückstellungen

⑤ Sonst. Personalkosten **an** Sonst. Verb. 4.000

⑥ Sonstige Verb. 4.000 + VSt 640 **an** Bank 4.640

Anmerkung: Das Honorar wurde auf „Sonstige Personalkosten" gebucht, da der Trainer *Mitarbeiter* schulte. Ansonsten müssten Sie auf „Sonstige Verwaltungskosten" buchen.

⑦ a) 1. Sept.: Büromaterial 120,00 + VSt 8,40 **an** Bank 128,40

b) 31. Dez., periodenrichtig: GuV **an** Büromat...... 40
31. Dez., abzugrenzen: ARA **an** Büromat. 80
31. Dez., Abschluss: SBK **an** ARA 80

c) 1. Jan.: ARA **an** EBK 80
1. Jan.: Büromat. **an** ARA 80

Lösung 94

① ARA **an** Mietaufwendungen 2.100

② Sonstige Forderungen **an** Zinserträge 800

③ Vertriebsprovisionen **an** Sonstige Verbindlichkeiten 4.000

④ Abschreibung auf Ford. 2.000 + USt 320 **an** Forderungen 2.320

⑤ Zinsaufwand 500 **an** ARA 500

⑥ ARA **an** Zeitschriftenaufwand 65

⑦ - Zweifelhafte Ford. **an** Forderungen 3.480
- Abschreibung auf Ford. **an** EWB 1.800

⑧ keine Buchung, da der Kurs gesunken ist!

⑨ Abschreibung **an** WB auf Fuhrpark 4.800
(30.000 – 10.800 = Buchwert von 19.200; geteilt durch 4 Jahre Rest-ND = 4.800)

⑩ Fremdinstandhaltung **an** Sonst. Rückstellungen 2.000 €

Konto	Soll		Haben	
Fuhrpark	(Saldo)	30.000	a) SBK	30.000
Forderungen	(Saldo)	30.160	④ Abs.+USt ⑦ Zw.Ford. b) SBK	2.320 3.480 24.360
Zweifelhafte Ford.	⑦ Ford.	3.480	c) SBK	3.480
Darlehensforderungen	(Saldo)	30.000	d) SBK	30.000
Sonstige Forderungen	② Zins-E	800	e) SBK	800
ARA	(Saldo) ① Miet-A. ⑥ Zeits.	3.000 2.100 65	⑤ ZinsA. f) SBK	500 4.665
WB auf Fuhrpark	g) SBK	15.600	(Saldo) ⑨ Abs.	10.800 4.800
EWB	h) SBK	1.800	⑦ Abs.Fo.	1.800
Sonst. Rückstellungen	i) SBK	2.000	⑩ Fr.inst.	2.000
Darlehensschulden	j) SBK	50.000	(Saldo)	50.000
Verbindlichkeiten	k) SBK	37.000	(Saldo)	37.000
Sonst. Verbindlichk.	l) SBK	4.000	③ Vertr.pr.	4.000

Abschreib. a. Ford.	④ Ford. ⑦ EWB	2.000 1.800	m) GuV	3.800
Abschreib. a. Sachanl.	⑨ WB Fpk.	4.800	n) GuV	4.800
Fremdinstandhaltung	⑩ So.RüSt	2.000	o) GuV	2.000
Vertriebsprovisionen	(Saldo) ③ So.Vb.	19.500 4.000	p) GuV	23.500
Mietaufwendungen	(Saldo)	27.300	① ARA q) GuV	2.100 25.200
Zeitschriftenaufwand (Büromaterial)	(Saldo)	320	⑥ ARA r) GuV	65 255
Zinsaufwand	⑤ ARA	500	s) GuV	500
Zinserträge	t) GuV	1.400	(Saldo) ② So.Fo.	600 800

Abschlussbuchungen:

a) SBK **an** Fuhrpark 30.000
b) SBK **an** Forderungen 24.360
c) SBK **an** zweifelhafte Ford. 3.480
d) SBK **an** Darlehensford. 30.000
e) SBK **an** Sonstige Forderungen 800
f) SBK **an** ARA 4.665
g) WB auf Fuhrpark **an** SBK 15.600
h) EWB **an** SBK 1.800
i) Sonst. Rückstellungen **an** SBK 2.000
j) Darlehensschulden **an** SBK 50.000
k) Verbindlichkeiten **an** SBK 37.000
l) Sonstige Verbindlichkeiten **an** SBK 4.000
m) GuV **an** Abschreibung auf Forderungen 3.800
n) GuV **an** Abschreibungen auf Sachanlagen ... 4.800
o) GuV **an** Fremdinstandhaltung 2.000
p) GuV **an** Vertriebsprovisionen 23.500
q) GuV **an** Mietaufwendungen 25.200
r) GuV **an** Zeitschriftenaufwand 255
s) GuV **an** Zinsaufwand 500
t) Zinserträge **an** GuV 1.400

Lösung 95

BS der GVF zum 31.12.:

① - Privatentnahmen 1.160 **an** UWA 1.000 + USt 160
- UWA 1.000 **an** BGA 1.000

② Abschreibungen **an** Maschinen 10.000

③ Abschreibungen **an** BGA 8.000

④ Sonstiger Aufwand **an** Verbindlichkeiten 400

⑤ Mietaufwand **an** Sonstige Verbindlichkeiten 2.000

⑥ Sonstige Forderungen **an** Umsatzerlöse 6.000

⑦ (Buchung der Inventurbestände immer: SBK **an** Aktivkonto)

Die weiteren Abschlussbuchungen sind eingetragen (BS a-y):

Konto	Soll		Haben	
Maschinen	AB	70.000	② Abs.	10.000
			a) SBK	60.000
BGA	AB	41.000	SBK	32.000
			1b) UWA	1.000
			③ Abs.	8.000
Rohstoffvorrat	(Saldo)	42.000	SBK	6.400
			b) RSA	35.600
Unfertige Erzeugnisse	AB	10.500	SBK	12.600
	c) BV	2.100		
Fertigerzeugnisse	AB	18.000	SBK	17.800
			d) BV	200
Hilfsstoffvorrat	(Saldo)	17.200	SBK	2.100
			e) HSA	15.100
Vorsteuer	(Saldo)	1.100	f) USt	1.100
Sonst. Forderungen	⑥ UE	6.000	g) SBK	6.000
Bank	(Saldo)	27.000	h) SBK	27.000
Eigenkapital	i) Priv.	14.160	AB	88.900
	y) SBK	97.440	x) GuV	22.700
Privatentnahmen	(Saldo)	13.000	i) EK	14.160
	① UWA,USt	1.160		
Verbindlichkeiten	k) SBK	61.500	(Saldo)	61.100
			④ So. Aufw.	400

Umsatzsteuer	f) VSt	1.100	(Saldo)	3.900
	l) SBK	2.960	① Priv.	160
Sonst. Verbindlichktn.	m) SBK	2.000	⑤ MietA	2.000
Rohstoffaufwand	(Saldo)	22.200	n) GuV	57.800
	b) RS	35.600		
Hilfsstoffaufwand	e) HS	15.100	o) GuV	15.100
Abschreibungen	② Masch.	10.000	p) GuV	18.000
	③ BGA	8.000		
Mietaufwendungen	(Saldo)	41.000	q) GuV	43.000
	⑤ So. Vb.	2.000		
Personalkosten	(Saldo)	90.800	r) GuV	90.800
Sonstiger Aufwand	④ Vb.	400	s) GuV	400
Umsatzerlöse	t) EB	4.300	(Saldo)	244.200
	u) GuV	245.900	⑥ So. Fo.	6.000
Erlösberichtigungen	(Saldo)	4.300	t) UE	4.300
Bestandsveränd.	d) FE	200	c) Unf.E	2.100
	v) GuV	1.900		
UWA	1b) BGA	1.000	① Priv.	1.000
GuV	n) RSA	57.800	u) UE	245.900
	o) HSA	15.100	v) BV	1.900
	p) Abs.	18.000		
	q) MietA	43.000		
	r) Pers.ko.	90.800		
	s) So.Aufw.	400		
	x) EK	22.700		
SBK	a) Masch.	60.000	y) EK	97.440
	BGA	32.000	k) Verb.	61.500
	RS	6.400	l) USt	2.960
	Unf.E.	12.600	m) So.Vb.	2.000
	FE	17.800		
	HS	2.100		
	g) So.Fo.	6.000		
	h) Bank	27.000		

Lösung 96

① Die Bestandserhöhung von Waren wird gebucht (Zugänge wurden als Warenaufwand gebucht)

② Wir bilden / erhöhen eine PWB für einwandfreie Forderungen

③ Im Voraus vereinnahmte Zinsen werden abgegrenzt

④ Vorsteuerüberhang wird aktiviert (über SBK abgeschlossen)

⑤ Für eine gemeinsam durchgeführte und noch abzurechnende Werbeaktion wird eine Rückstellungen gebildet

⑥ Für erhaltene Prospekte steht die ER der Druckerei noch aus

⑦ Abschluss des Eigenkapitalkontos

⑧ Abschluss des Ertragskontos UWA

⑨ Bestandserhöhung von Unfertigen Erzeugnissen wird gebucht

⑩ Abschluss der BV; es überwiegen die Bestandsminderungen

Lösung 97

① falsch: Abschluss der Nachlässe muss umgekehrt lauten

② richtig: Eröffnungsbuchung zum 01.01. – der Aufwand wird periodenrichtig zugeordnet

③ richtig: ein Leasingaufwand des Folgejahres wird zum 31.12. abgegrenzt

④ richtig: Ein Mitarbeiter, für den wir bereits eine Pensions-RüSt gebildet hatten, scheidet ohne weitere Ansprüche aus

⑤ falsch: Entweder wir schreiben die AR, dann wird auf Forderungen (a. LL) gebucht; oder diese steht noch aus, wir haben aber geliefert, dann wird die USt noch nicht berücksichtigt

⑥ richtig: Abschluss des Passivkontos PRA

⑦ falsch: Hilfsstoffaufwand wird über GuV abgeschlossen

⑧ richtig: Abschluss der Privatentnahmen über EK

⑨ falsch: muss umgekehrt lauten

⑩ richtig: wir hatten bereits eine PWB gebildet; beim Ausfall einer einwandfreien Forderung wird jene nunmehr gemindert und die USt korrigiert

Lösung 98

Zunächst die Betriebsübersicht; die BS finden Sie auf S.128

	Saldenbilanz I		Umbuchungen	
Konto	**Soll**	**Haben**	**Soll**	**Haben**
Maschinen	70.000	–	–	② Abs. 10.000
BGA	41.000	–	–	①UWA 1.000 ③Abs. 8.000
Rohstoffe	42.000	–	–	b)RSA 35.600
Hilfsstoffe	17.200	–	–	e)HSA 15.100
Unfert.Erz.	10.500	–	c)BV 2.100	–
Fertigerzeugn.	18.000	–	–	d)BV 200
Vorsteuer	1.100	–	–	f)USt 1.100
Sonst. Ford.	–	–	⑥ UE 6.000	–
Bank	27.000	–	–	–
Eigenkapital	–	88.900	i) Priv. 14.160	–
Privatentn.	13.000	–	①UWA + USt 1.160	i)EK 14.160
Verbind. a. LL	–	61.100	–	④So.A. 400
Umsatzsteuer	–	3.900	f)VSt 1.100	①Priv. 160
Sonst. Verb.	–	–	–	⑤MA 2.000
Umsatzerlöse	–	244.200	t)EB 4.300	⑥S.Fo. 6.000
Erlösberichtig.	4.300	–	–	t)UE 4.300
UWA	–	–	①BGA 1.000	①Priv. 1.000
BV	–	–	d)FE 200	c)Unf.E 2.100
Rohstoffaufw.	22.200	–	b)RS 35.600	–
Hilfsstof-faufw.	–	–	e)HS 15.100	–
Abschreibung	–	–	②Masch.10.000 ③BGA 8.000	–
Mietaufwand	41.000	–	⑤SoVb. 2.000	–
Pers.kosten	90.800	–	–	–
Sonst. Aufw.	–	–	④Vb. 400	–
Summen	398.100	398.100	101.120	101.120

Saldenbilanz II		Schlussbilanz		Erfolgsbilanz	
Soll	Haben	Aktiva	Passiva	Aufw.	Ertrag
60.000	–	60.000	–		
32.000	–	32.000	–		
6.400	–	6.400	–		
2.100	–	2.100	–		
12.600	–	12.600	–		
17.800	–	17.800	–		
–	–	–	–		
6.000	–	6.000	–		
27.000	–	27.000	–		
–	74.740	–	74.740		
–	–	–	–		
–	61.500	–	61.500		
–	2.960	–	2.960		
–	2.000	–	2.000		
–	245.900			–	245.900
–	–			–	–
–	–			–	–
–	1.900			–	1.900
57.800	–			57.800	–
15.100	–			15.100	–
18.000	–			18.000	–
43.000	–			43.000	–
90.800	–			90.800	–
400	–			400	–
389.000	389.000	163.900	141.200	225.100	247.800
		Gewinn →	22.700	22.700	← Gewinn
		163.900	163.900	247.800	247.800

(Fälle der Aufgabe 95)

BS der GVF zum 31.12.:

① - Privatentnahmen 1.160 **an** UWA 1.000 + USt 160
- UWA 1.000 **an** BGA 1.000

② Abschreibungen **an** Maschinen 10.000

③ Abschreibungen **an** BGA 8.000

④ Sonstiger Aufwand **an** Verbindlichkeiten 400

⑤ Mietaufwand **an** Sonstige Verbindlichkeiten 2.000

⑥ Sonstige Forderungen **an** Umsatzerlöse 6.000

b) Rohstoffaufwand **an** Rohstoffe 35.600

c) Unfertige Erzeugnisse **an** BV 2.100

d) BV **an** Fertigerzeugnisse 200

e) Hilfsstoffaufwand **an** Hilfsstoffe 15.100

f) Umsatzsteuer **an** Vorsteuer 1.100

i) EK **an** Privatentnahmen 14.160

t) Umsatzerlöse **an** Erlösberichtigungen 4.300

Abschlussbuchungen:

SBK **an** Maschinen 60.000
SBK **an** BGA 32.000
SBK **an** Rohstoffe 6.400
SBK **an** Hilfsstoffe........2.100
SBK **an** Unfert. Erz. 12.600
SBK **an** Fertigerzeugn. 17.800
SBK **an** Sonst. Ford. 6.000
SBK **an** Bank 27.000
Verb. **an** SBK..............61.500
USt **an** SBK..................2.960
Sonst. Verb. **an** SBK.....2.000

UE **an** GuV 245.900
BV **an** GuV 1.900
GuV **an** RSA 57.800
GuV **an** HSA...............15.100
GuV **an** Abschreib. 18.000
GuV **an** Mietaufw. 43.000
GuV **an** Pers.kosten 90.800
GuV **an** Sonst. Aufw.........400
GuV **an** EK 22.700
EK **an** SBK 97.440

Lösung 99

① Vollabschreibung auf GWG **an** GWG
② Rohstoffe **an** Bezugskosten für Rohstoffe
③ Umsatzerlöse **an** Erlösberichtigungen
④ Zinsaufwand **an** Sonst. Verbindlichkeiten 4.000
⑤ GuV **an** EK Maier + EK Müller
⑥ GuV **an** Verbindlichkeiten gegenüber Gesellschaftern
⑦ GuV **an** Steuern v. Eink. u. Ertrag + Jahresüberschuss (JÜ; = Posten des EK)
⑧ JÜ **an** Gewinnrücklagen
⑨ JÜ **an** Bilanzgewinn
⑩ JÜ + Gewinnrücklagen **an** Verbindl. gegenüber Gesellschaftern

Lösung 100

a) Gewinnverwendungstabelle:

Name	Kapital 01.01.	Arb.-anteil	6% Zins	Rest-ge-winn	Ges.-gewinn	Priv.-entn.	Kapital 31.12.
König	40.000	40.000	2.400	12.000	54.400	27.000	67.400
Kaiser	60.000	40.000	3.600	12.000	55.600	41.000	74.600
Bauer	100.000	–	6.000	4.000	10.000	–	100.000
Summe	200.000	80.000	12.000	28.000	120.000	68.000	242.000

BS:
① EK König **an** Privatentnahmen König 27.000
② EK Kaiser **an** Privatentnahmen Kaiser 41.000
③ GuV **an** EK König 54.400
④ GuV **an** EK Kaiser 55.600
⑤ GuV **an** Verbindlichkeiten gegenüber Gesellschaftern 10.000
⑥ EK König **an** SBK 67.400
⑦ EK Kaiser **an** SBK 74.600

b) GuV 10.000 **an** Aussteh. Einlagen 4.000 + Verb. gg. Ges. 6.000

E Quellenverzeichnis

Jossé, Germann: Buchführung – aber locker!, 8. Aufl. 2004, CC-Verlag Hamburg

Jossé, Germann: Bilanzen – aber locker!, 5. Aufl. 2003, CC-Verlag Hamburg

Jossé, Germann: Rechnungswesen für Reiseverkehrskaufleute, 5. Aufl. 2001, Winklers Verlag Darmstadt

Jossé, Germann: Rechnungswesen für Hotellerie und Gastronomie, 2. Aufl. 2002, Winklers Verlag Darmstadt

F Anhang

1 Bilanzgliederungsschema

Aktiva Bilanz (mittel-)großer Kapitalgesellschaften	Passiva
A. Anlagevermögen	**A. Eigenkapital**
I. Immaterielles AV:	I. Gezeichnetes Kapital
1. Konzessionen, Lizenzen u.ä.	II. Kapitalrücklagen
2. Geschäfts- oder Firmenwert	III. Gewinnrücklagen:
3. geleistete Anzahlungen	1. gesetzliche Rücklage
II. Sachanlagen:	2. Rücklage für eigene Anteile
1. Grundstücke und Bauten	3. satzungsmäßige Rücklage
2. TA und Maschinen	4. andere Gewinnrücklagen
3. Fuhrpark, BGA u.a.	IV. Gewinn-/Verlustvortrag
4. geleistete Anzahlungen	V. Jahresüberschuss/-fehlbetrag
III. Finanzanlagen	*bzw.*
1. Anteile an verbund. Untern.	IV. Bilanzgewinn/-verlust
2. Ausleihungen an verb. Unt.	
3. Beteiligungen	**B. Rückstellungen**
4. Ausleih. an beteiligte Untern.	1. Pensionsrückstellungen u.ä.
5. Wertpapiere des AV	2. Steuerrückstellungen
6. Sonstige Ausleihungen	3. sonstige Rückstellungen
B. Umlaufvermögen	
I. Vorräte:	**C. Verbindlichkeiten**
1. Roh-, Hilfs-, Betriebsstoffe	1. Anleihen
2. unfertige Erzeugnisse	2. Verb. gg. Kreditinstituten
3. Fertigerzeugnisse und Waren	3. erhaltene Anzahlungen
4. geleistete Anzahlungen	4. Verbindlichkeiten a. LL
II. Forderungen + sonstige Vermögensgegenstände	5. Wechselverbindlichkeiten
	6. Verb. gg. verbund. Untern.
1. Forderungen a. LL	7. Verb. gg. beteiligte Untern.
2. Ford. gegen verbund. Untern.	8. sonstige Verbindlichkeiten,
3. Ford. gg. beteiligte Untern.	- davon aus Steuern,
4. sonstige Vermögensgegenst.	- davon im Rahmen der soz.
III. Wertpapiere	Sicherheit
1. Anteile an verbund. Untern.	
2. eigene Anteile	**D. Pass. Rechnungsabgrenzung**
3. sonstige Wertpapiere	
IV. Flüssige Mittel: Schecks, Kasse, Guthaben bei Banken	
C. Akt. Rechnungsabgrenzung	

2 Übungskontenrahmen (angelehnt an den Einzelhandel)

Kontenklasse 0
Immaterielles AV und Sachanlagen

02 KONZESSIONEN, LIZENZEN UND ANDERE IMMATERIELLE ANLAGEN

GRUNDSTÜCKE UND BAUTEN
050 Grundstücke
051 Geschäftsbauten

ANLAGEN, MASCHINEN, BGA
080 Technische Anlagen und Maschinen
084 Fuhrpark
086 BGA
088 Geleistete Anzahlungen auf AV
089 GWG

Kontenklasse 1
Finanzanlagen

13 Beteiligungen
15 Wertpapiere des AV

Kontenklasse 2
UV und Aktive Rechnungsabgrenzung

200 WARENBESTÄNDE
INDUSTRIE: ROHSTOFFVORRAT
210 Betriebsstoffe
220 Verpackungsmaterial
221 Leergut
230 Geleistete Anzahlungen auf Vorräte

FORDERUNGEN AUS LL
240 Forderungen aus LL
245 Besitzwechsel

SONST. VERMÖGENSGEGENSTÄNDE
260 Vorsteuer
265 Forderungen an Mitarbeiter
269 Sonstige Forderungen
270 Wertpapiere des UV

FLÜSSIGE MITTEL
280 Bank
285 Postbank
286 Schecks
288 Kasse

290 AKTIVE RECHNUNGSABGRENZUNG

Kontenklasse 3
Eigenkapital, WB und Rückstellungen

bei Einzelkaufleuten:
300 EIGENKAPITAL
3001 Privatkonto

bei Personengesellschaften:
300 Kapital Gesellschafter A
3001 Privat Gesellschafter A
301 Kapital Gesellschafter B
3011 Privat Gesellschafter B
307 Kommanditkapital Gesellschafter C

bei Kapitalgesellschaften:
300 Gezeichnetes Kapital
310 Kapitalrücklage
320 Gewinnrücklagen

WERTBERICHTIGUNGEN
361 WB auf Sachanlagen
367 EWB zu Forderungen
368 PWB zu Forderungen

RÜCKSTELLUNGEN
371 Pensionsrückstellungen
372 Steuerrückstellungen
375 Sonstige Rückstellungen

Kontenklasse 4
Verbindlichkeiten und Passive Rechnungsabgrenzung

420 Girokonto
425 Darlehensschulden
427 Hypothekenschulden
430 Erhaltene Anzahlungen auf Bestellungen
440 Verbindlichkeiten aus LL
450 Schuldwechsel

SONSTIGE VERBINDLICHKEITEN
480 Umsatzsteuer
483 Sonst. Verbindlichktn. gegenüber FA
484 Verbindlichkeiten gegenüber SV
486 Verbindlichkeiten aus vw. Leistungen
489 Übrige Sonstige Verbindlichkeiten

490 PASSIVE RECHNUNGSABGRENZUNG

Kontenklasse 5
Erträge

500 UMSATZERLÖSE
5001 Erlösberichtigungen
510 Sonstige Umsatzerlöse (aus Dienstleistungen)

540 Mieterträge
541 Sonstige Erlöse (z.B. Provisionen)
542 Unentgeltl. Wertabgabe (Eigenverbr.)
543 Andere sonstige betriebliche Erträge
544 Erträge aus der Auflösung von Rückstellungen
549 Periodenfremde Erträge

550 Erträge aus Beteiligungen und Wertpapieren

SONSTIGE ZINSEN UND ÄHNLICHE ERTRÄGE
571 Zinserträge
573 Diskonterträge

Kontenklasse 6
Betriebliche Aufwendungen

600 AUFWENDUNGEN FÜR WAREN
INDUSTRIE: ROHSTOFFAUFWAND
6001 Bezugskosten
6002 Nachlässe

610 AUFWENDUNGEN FÜR MATERIAL
6101 Betriebsstoffaufwand
6102 Verpackungsaufwand
6103 Leergutaufwand
611 AUFWENDUNGEN FÜR BEZOGENE LEISTUNGEN
6111 Frachten und Fremdlager
6112 Vertriebsprovisionen
6113 Fremdinstandhaltung
6114 Entsorgungsaufwand
6115 Reinigungsaufwand

PERSONALKOSTEN
620 Löhne
621 Sonstige Lohnkosten
630 Gehälter
631 Sonstige Gehaltskosten
640 Arbeitgeberanteil zur SV
642 Beiträge zur Berufsgenossenschaft

ABSCHREIBUNGEN
652 Abschreibungen auf Sachanlagen
654 Abschreibungen auf GWG
655 Außerplanmäßige Abschreibungen

660 Sonstige Personalkosten

670 Mietaufwendungen
671 Leasing
672 Gebühren
675 Kosten des Geldverkehrs
677 Rechts- und Beratungskosten

KOMMUNIKATIONSKOSTEN
680 Büromaterial
682 Postgebühren
685 Reisekosten
687 Werbung

690 Versicherungsbeiträge
692 Beiträge zu Wirtschaftsverbänden
694 Verluste aus Schadensfällen
695 Abschreibungen auf Forderungen
699 Periodenfremder Aufwand

Kontenklasse 7
Sonstige Aufwendungen

BETRIEBLICHE STEUERN
700 Gewerbekapitalsteuer
702 Grundsteuer
703 Kfz-Steuer
709 Sonstige betriebliche Steuern

ZINSEN UND ÄHNLICHER AUFWAND
751 Zinsaufwand
753 Diskontaufwand

770 Steuern vom Einkommen und Ertrag

Kontenklasse 8
Abschlusskonten

800 Eröffnungsbilanzkonto
801 Schlussbilanzkonto
802 Gewinn- und Verlustkonto

Kontenklasse 9
frei für Kosten- & Leistungsrechnung

Buchführung locker im Griff

Wichtige Ergänzung für Ihr Bilanzwissen

Für wen ist dieses Buch?

Sie finden, Buchführung sei 'trocken'? Sie kämpfen sich mit der Materie ab und wissen nicht so recht, was, warum und wie? Dann wird's Zeit, dass Sie dieses Buch aufschlagen. Wir führen Sie Schritt für Schritt – aber locker! – durch den Dschungel von Aktiva und Passiva, von Aufwendungen und Erträgen. Nach kurzer Zeit werden Sie fit sein und selbst sagen: „Buchführung – aber locker!"

Sie sind **(Berufs-)Schüler** oder **Student**? Oder arbeiten Sie als **Praktiker** im kaufmännischen Bereich? Oder sind Sie gar **selbständig** und haben Ihre eigene Firma, Ihr eigenes Geschäft? Dieses Buch ist so konzipiert, dass es jeder, vom Anfänger bis zum Profi, sinnvoll nutzen kann, um **Kenntnisse aufzufrischen oder gezielt zu vertiefen, um offene Fragen zu klären oder sich umfassend einzuarbeiten.**

Wie benutzen Sie das Buch?

„Buchführung – aber locker!" hilft Ihnen schnell zum Erfolg:

- Wenn Sie **Anfänger** sind und noch keine Ahnung von Buchführung haben, sollten Sie das Buch wie ein normales Lehrbuch benutzen und die einzelnen Themen Schritt für Schritt, Übung für Übung durcharbeiten.
- Als **Fortgeschrittener** haben Sie vielleicht Grundkenntnisse, nur im Detail haben Sie noch Lücken. Oder Sie wollen Ihr Wissen auffrischen. Anhand des Inhalts- und Stichwortverzeichnisses können Sie gezielt Themenbereiche auswählen, die Sie interessieren.
- Als **Profi** kennen Sie sich bereits in Buchführung aus, nur fehlt Ihnen ein zuverlässiger Ratgeber, um mal eben etwas nachzuschlagen. Das Glossar am Buchende können Sie wie ein Lexikon benutzen. Querverweise zeigen Ihnen, wo die Themen ausführlich dargestellt werden.

Alle wichtigen Buchungen sowohl während eines Geschäftsjahres als auch an dessen Ende werden beispielhaft dargestellt. Und das für den Handel wie auch für die Industrie. Sie sehen: Ein Rund-um-Paket, das für fast alle Branchen passt.

Germann Jossé:
Buchführung - aber locker!
Ein neuartiges Konzept für den schnellen und fundierten Einstieg
ISBN 3-923930-14-3; 256 Seiten;(D) € 15,90 / sFr 29,90

CC-VERLAG GmbH • Postfach 60 04 03 • 22204 Hamburg
Fax: 040-631 73 06 • EMail: info@cc-verlag.de
Internet: http://www.cc-verlag.de

100 Tipps und Musterbeispiele

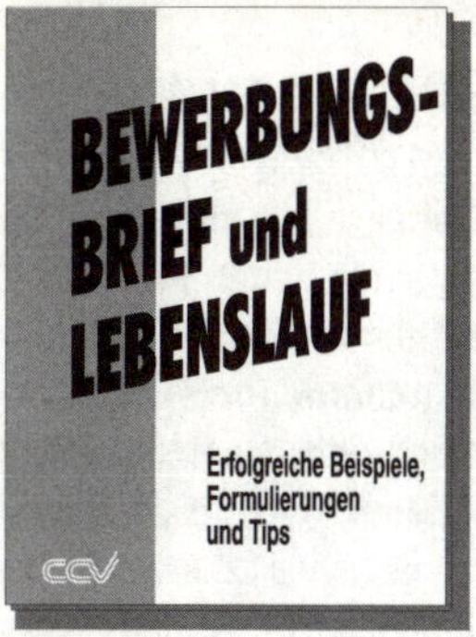

Claus Coelius:
Bewerbungsbrief und Lebenslauf
ISBN 3-923930-11-9; 132 Seiten;
(D) € 10,90/ sFr 19,90

Dieses neuartige Buch behandelt das Thema ausführlich. Neben zahlreichen handfesten Tipps enthält dies Buch **eine der umfangreichsten Sammlungen von Praxisbeispielen** erfolgreicher Anschreiben und Lebensläufe, die ihre Verfasser regelmäßig in die engere Wahl kommen ließen. Die Beispiele geben nützliche Anregungen für die eigene Bewerbung und können bei Bedarf auch direkt übernommen werden. Dazu findet sich auf der einen Seite das Stellenangebot und gegenüber das dazugehörige Anschreiben, welches zeigt, wie man geschickt und überzeugend auf die Anzeige eingehen kann, ohne zu übertreiben. Konkreter können Ratschläge kaum noch sein.

Die 100 wichtigsten Fragen ...

Claus Coelius:
Fit fürs Bewerbungsgespräch
ISBN 3-923930-10-0; 132 Seiten;
(D) € 10,90 / sFr 19,90

Bewerbungsgespräche lassen sich trainieren. Entstanden aus den Erfahrungen vieler Personalpraktiker und Stellensuchender erhalten Sie mit diesem Buch **ein erfolgreiches Konzept für eine gelungene Vorbereitung auf Ihr Vorstellungsgespräch.**

Mit Hilfe neuartiger **Checklisten** und einem **umfangreichen Fragenkatalog** werden Sie für Ihr Vorstellungsgespräch fit wie ein Personalprofi. Die **zahlreichen Tipps und Ratschläge** können Sie sofort konkret auf die eigenen Verhältnisse anwenden und in Erfolg umsetzen.

CC-VERLAG GmbH • Postfach 60 04 03 • 22204 Hamburg
Fax: 040-631 73 06 • E-Mail: cc-verlag@t-online.de
Bewerberservice im Internet: http://www.cc-verlag.de

Das stressigste Auswahlverfahren

Claus Coelius:
FIT FÜRS ASSESSMENT CENTER
ISBN 3-923930-07-0; 152 Seiten;
(D) € 17,90 / sFr 34,90

Ob Sie in der Firma vorankommen wollen, oder sich von außen bei einem Unternehmen bewerben: Die Wahrscheinlichkeit ist groß, dass ein Assessment Center für Sie die entscheidende Hürde sein wird. Bei der Suche nach Führungskräften und nach qualifiziertem Nachwuchs praktizieren immer mehr Unternehmen dieses stressige Management-Auswahlverfahren.

Anhand zahlreicher Originalaufgaben und mit vielen wertvollen Insider-Tipps zeigt Ihnen dieses Buch, was Sie erwartet, worauf es ankommt und wie Sie sich auf ein AC wirkungsvoll vorbereiten können.

Wirkungsvolles Testtraining

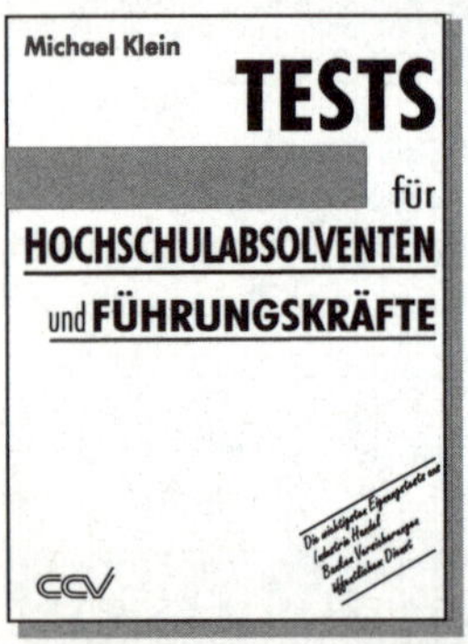

Michael Klein:
Tests für Hochschulabsolventen und Führungskräfte
ISBN 3-923930-09-7; 137 Seiten;
(D) € 17,90 / sFr 34,90

Ihre guten Leistungen allein reichen nicht mehr! Gleichgültig, ob Sie sich auf eine Manager-, Ingenieurs-, Computer- oder sonst eine qualifizierte Aufgabe bewerben, neben dem AC werden mit großer Wahrscheinlichkeit **Psycho-Tests** für Sie **die entscheidende Hürde** sein. Tagtäglich entscheiden die in diesem Buch behandelten Tests darüber, wer eingestellt wird und wer nicht, wer in der Firma aufsteigen und wer gehen soll.

Jetzt können Sie die bisher geheimgehaltenen Psycho-Tests entschlüsseln und sich wirkungsvoll vorbereiten. **Dieses Buch zeigt Ihnen, wie Sie die Tests zu *Ihrem* Vorteil lösen können.**

CC-VERLAG GmbH • Postfach 60 04 03 • 22204 Hamburg
Fax: 040-631 73 06 • E-Mail: cc-verlag@t-online.de
Bewerberservice im Internet: http://www.cc-verlag.de

Gekonnter Berufseinstieg

Claus Coelius:
Bewerben nach dem Studium
ISBN 3-923930-06-2; 164 Seiten;
(D) € 10,90 / sFr 19,90

Was nutzt ein gutes Studium, wenn man den Berufseinstieg falsch plant? Wie steige ich optimal ein? Wie komme ich bei Firmen in die engere Wahl? Wie bewerbe ich mich entsprechend? Was muss ich bei Traineestellen beachten?

Entstanden aus den Erfahrungen vieler Bewerber bietet dieses Buch Ihnen ein **erfolgreiches Konzept für einen gelungenen Berufseinstieg nach dem Studium.**

Spitzenjobs im Ausland

Nils Lahrmann
Bewerben im Ausland
ISBN 3-923930-13-5; 183 Seiten;
(D) € 15,90 / sFr 29,90

Wie formuliere ich den Bewerbungsbrief und den Lebenslauf in der anderen Sprache? Wie nehme ich Kontakt mit ausländischen Unternehmen und Institutionen auf? Wo erhalte ich Informationen? Welche Ausbildungen, Berufe und Diplome werden im anderen Land anerkannt? Welche Besonderheiten muss man beachten? Das sind nur einige der Fragen, die in diesem Buch angesprochen werden. Es behandelt das Thema „Bewerben in Ausland" ausführlich. Neben zahlreichen handfesten Tipps zur Vermittlung des gewissen **„Know-how" für eine Bewerbung, die im anderen Land „ankommt"**, enthält dies Buch auch eine Vielzahl von **Praxisbeispielen erfolgreicher Anschreiben und Lebensläufe in den jeweiligen Landessprachen.** Die Beispiele geben willkommene Formulierungshilfen und können bei Bedarf direkt übernommen werden. Konkreter können Ratschläge kaum noch sein.